Aufgewachsen

in

SOLINGEN

in den *40er* und *50er* Jahren

IMPRESSUM

Bildnachweis:
Alle Fotos stammen aus dem Stadtarchiv Solingen, außer: Archiv Wilhelm Rosenbaum: S. 4, 6 unten, 7, 16 oben, 23, 24 unten, 28 oben, 32 rechts, 33 oben, 36, 37, 54, 59 rechts, 62; Redaktionsarchiv Solinger Tageblatt: S. 6 oben, 10, 30, 31, 33 unten, 39, 41, 44, 45, 51 oben; Stadtarchiv Bielefeld: S. 22 oben; Rudolf Möller (Archiv Heimat- und Geschichtsverein Heepen): S. 21; Sammlung Willi Garth: S. 28 unten, 29; Archiv Dirk Schwarze: S. 38; Sammlung Hans Braun: S. 51 unten, 58 unten; Ursula Pantenburg: S. 52; Wolfgang Pepin: S. 59 links.

Titelgestaltung:
Mädchenmotiv: Privatarchiv R. Bogena
Jungenmotiv: Presse-Bild-Poss, Dipl. Ing. Oscar Poss
Stadtmotiv: Stadtarchiv Solingen

Wir danken allen Lizenzträgern für die freundliche Abdruckgenehmigung. In Fällen, in denen es nicht gelang, Rechtsinhaber an Abbildungen zu ermitteln, bleiben Honoraransprüche gewahrt.

4. Auflage 2019
Alle Rechte vorbehalten, auch die des auszugsweisen Nachdrucks und der fotomechanischen Wiedergabe.
Gestaltung: Ravenstein + Partner, Verden
Satz: Schneider Professionell Design, Schlüchtern-Elm
Druck: Druck- & Verlagshaus Thiele & Schwarz GmbH, Kassel
Buchbinderische Verarbeitung: Buchbinderei S. R. Büge, Celle

© Wartberg-Verlag GmbH
34281 Gudensberg-Gleichen · Im Wiesental 1
Telefon: 05603/93050 · www.wartberg-verlag.de

ISBN: 978-3-8313-1887-2

Liebe Leserinnen und Leser,

geboren wurden die meisten von uns mitten „im Krieg". Von den eigentlichen, den verheerenden Kriegsereignissen bekamen wir zunächst nicht all- zu viel mit. Hätte man unseren Familien damals vorausgesagt, es würde einmal eine in Jahrzehn- ten zu bemessende Zeit des Friedens in Deutsch- land folgen, sie hätten manche Durststrecke womöglich leichter durchgestanden.

Auch wir Kinder, die wir Wohlstand und Luxus (noch) nicht kennenlernten, waren selbstver- ständlich genügsam, weil es Exklusives ohnehin nicht zu besitzen oder auch zu futtern gab. Aber wir bedauerten unsere „einfache" Kindheit und Jugend nicht, wir sahen später vielmehr das Leben in der jungen Bundesrepublik als eine vom Schick- sal geschenkte Chance, voranzukommen. Wir wussten ziemlich früh, dass uns nach erfolgrei- cher Schulzeit eine realistische berufliche Per- spektive beschert werden würde.

Natürlich hatten wir ein ordentliches Stück Sicher- heitsdenken in unserem Gepäck, geprägt durch Eltern, die ein-, wenn nicht gar zweimal „alles ver- loren" hatten. Wir hatten ein eigenes Konto bei der Stadt-Sparkasse Solingen, aber wir drehten manchen Pfennig oder Groschen ein paarmal rum, ehe wir ihn in Süßigkeiten oder später in eine Kino- karte investierten. Geiz war das zweifellos nicht, wir konnten, ohne zu jammern, tagtäglich mit dem haushalten, was wir im Portemonnaie mit uns tru- gen.

Das schwäbische Motto, das der ehemalige Ober- bürgermeister Franz Haug bei seiner Wahl 1999 verkündete – „Net schwätze, schaffe!" –, das hät-

Wo heute eine moderne Edelstahlskulptur am „Dreieck" steht, begegneten sich in Friedenszeiten Straßenbahnen, die Solingen mit Höhscheid und Dorp verbanden.

ten wir Schüler und Jugendlichen auch sofort unterschreiben können.

Wer sich zudem in seiner Familie aufgehoben fühl- te, der hatte im Solingen der 40er und 50er Jah- re trotz allem eine glückliche Kindheit. Auch dann, wenn der „neue" Wintermantel noch aus alten Heeresbeständen zusammengeflickt worden war. Oder wenn der heißgeliebten Puppe namens Ursu- la oder Bärbel der einmal abgebrochene Arm wochenlang fehlte, bis das knappe Familienbud- get eine Visite bei einem professionellen Pup- pendoktor erlaubte. Aber geliebt wurden Ursula und Bärbel deshalb auf keinen Fall weniger.

Wilhelm Rosenbaum

Im Sommer 1943 fand der Fotograf in der Klingenstadt noch friedliche Gartenszenen.

In den Krieg hineingeboren

Wer als Kleinkind Mitte der vierziger Jahre in Solingen aufwuchs, für den war der Krieg noch und gottlob Fremdwort, schemenhaft begreifbar vor allem, wenn Väter, ältere Brüder, auch Großväter, als Soldaten an der Front waren und damit im kindlichen Alltag abwesend.

Wenn die Mutter einen Feldpostbrief bekam und vom Vater erzählte, meinte sie ein für manches Kinderherz sehr fernes Wesen, das einen zwar aus einer vergilbten Fotografie ansehen mochte, das aber häufig mangels persönlicher Erinnerung nur wenige emotionale Reaktionen auslösen konnte. Auch eine leibhaftige Begegnung mit dem Vater, wenn ein Fronturlaub ihn endlich wieder für kurze Zeit in die Heimatstadt zurückführte, war solchen Irritationen ausgesetzt und belastete gewiss die ganze Familie.

Die Last der Erziehung, dazu die Verpflichtung, das tägliche Überleben der ihnen Anvertrauten zu sichern, lag auf den Schultern der Frauen. Praktisch waren sie, mit einem modernen Begriff, alleinerziehende Mütter, und das wider Willen.

Die Aufgabe, das Leben für ihre „Restfamilien" zu organisieren, war ihnen von einem auf den anderen Tag zugefallen. Starke Frauen in Solingen waren das, Jahrzehnte bevor es das Schlagwort von der Gleichberechtigung der Frauen gab, für die sich Alice Schwarzer lebenslang engagierte, auch sie ein Kriegskind des Jahrgangs 1942 aus dem benachbarten Wuppertal.

Kindliche Ängste in Bunkern

Die älteren Kinder sahen und hörten mehr, sie erlebten in feuchten Kellern seit 1940 die Bombenangriffe auf Solingen und viele Nächte in stickigen Bunkern hautnah mit. Die ersten von insgesamt zwölf Bunkern wurden schon 1938 an der Wittenbergstraße in Ohligs und an der Florastraße gebaut, weitere zum Beispiel am Brühl, am Grünewald, an der Malteserstraße, in Ohligs an der Keldersstraße und am Solinger Neumarkt.

Das Trauma der heranpfeifenden Geschosse oder der über Solingen sichtbaren Bomberverbände hat uns Kriegskinder bis heute geprägt, auch ein „normaler" Probe-Sirenenalarm kann solche tief sitzenden Erinnerungen sofort aktivieren. Flugplätze sind für manche von uns deshalb unverändert eher Tortur als Fernweh-Vergnügen.

Als unmittelbar nach dem Kriegsende einmal ein größerer Kranichzug Solingen überquerte, erinnerte sich Tageblatt-Leserin Elise Krüger noch viele Jahrzehnte später, habe sie sich sehr erschreckt. Die V-Formation der Zugvögel und deren krächzende Geräusche ließen sie unwillkürlich wieder an die Bombergeschwader im Krieg zurückdenken.

„Leibchen" auch für Jungen

Der Alltag in den ersten Lebensjahren war einfach bis karg. Die Wohnverhältnisse in Solingen waren allgemein eingeschränkt, man lebte mit vielen Personen kinderzimmerlos, aber trotzdem schiedlich-friedlich zusammen. Mehrere Personen, in erster Linie Kinder, nutzten ein Bett gemeinsam. Noch enger wurde es, wenn Verwandte kamen – erst recht, wenn diese, wie man es nannte, „ausgebombt" waren.

Spartanisch war auch die Kleidung. Die Jungen wie Mädchen trugen auf, was Geschwister aus eigener Näh- und Strickproduktion weitergaben, wenn sie Kleidchen oder „Leibchen" – für Jungen ein in der Rückschau modischer Graus – an die Jüngeren abtraten. Denn auch Jungen waren mit Hemdchen und Schürze ausstaffiert, selbst richtige Strumpfhalter kamen im Kleinkinderalter bei ihnen zur Verwendung.

Was dagegen besonders schick, adrett oder wertvoll aussah, wurde konsequent als „Sonntagstracht" reserviert und nur an hohen Feiertagen, zu besonderen Familienfeiern oder zum Kirchgang genutzt.

Für kleine Jungen war der weiße Bubikragen ein Muss. Die Haare wurden streng zur Seite gekämmt, der Scheitel präzise und gerade „herausgearbeitet." Widerspenstige Haare wurden mit einem Klämmerchen gebändigt, denn Jungen hatten brav auszusehen. Den Mädchen, um sie festlich herauszuputzen, wurde am Sonntag eine weiße Schürze umgebunden. Zu ihrem Festtagsauftritt gehörten weiße Kniestrümpfe, außerdem Lackschuhe.

Chronik

19. März 1940
85-jährig stirbt Fritz Schulten, der „Peffermönzkes-Fretz", das letzte Solinger Original.

19. September 1941
Alle Juden über sechs Jahre müssen den gelben Judenstern „sichtbar auf der linken Brustseite des Kleidungsstücks fest angenäht" tragen.

28. September 1941
Eine „Singende, klingende Woche" mit musikalischen und Theateraufführungen wird eröffnet.

Juni 1942
Solinger Schüler werden als Hilfskräfte in der heimischen Landwirtschaft eingesetzt; das nennt sich „Kriegseinsatz der Jugend".

26. Oktober 1942
Elf Frauen und fünf Männer, die ersten Solinger Juden, werden ins Ghetto Litzmannstadt (Lodz) deportiert.

Sommer 1943
Zwangsläufig fällt eine Männer-Domäne: Frauen werden in Solingen als Straßenbahn-Führerin eingesetzt.

4. und 5. November 1944
Im Bombenhagel britischer Bomber liegt zunächst die Südstadt bis zum Hauptbahnhof, am folgenden Tag der Kern der Solinger Altstadt.

2. Februar 1945
In Berlin-Plötzensee wird der Widerstandskämpfer Carl Goerdeler hingerichtet. Er stand als junger Verwaltungsjurist acht Jahre lang im Dienst der Stadt Solingen.

Auf Georg Meistermanns Linolschnitt von 1942 breitete noch ein Friedensengel seine Flügel aus (links), ein Jahr später malte er in einem düsteren „Stalingrad"-Bild (rechts) eine Kriegerwitwe mit gefalteten Händen in einer Kirchenbank.

Teddy, Püppchen, Roller

Geschenke waren prinzipiell selten und leider oft genug selbst gebastelt und sahen dann auch meist so aus. Dagegen konnte ein hölzernes bemaltes Schaukelpferd zu Weihnachten Kinderherzen beträchtlich höherschlagen lassen, ein simpler Holzroller war schon der tollste Renner. Ein Teddy als Kuscheltier, eine Puppe zum Knuddeln, womöglich mit dem dazugehörigen sperrigen Puppenwagen, und eine liebevoll gestaltete Puppenstube bedeuteten frühes Kinderglück.

Ob man diesem schaukelnden Vierbeiner trauen sollte?

Fett- und andere Karten

Lebensmittel, Seife, Waschmittel und Tabakwaren waren kostbare Wirtschaftsgüter, außerdem wurden sie schon seit Kriegsbeginn rationiert. Der Verlust einer Lebensmittel- oder Kleiderkarte

125 g Butter 1 18. 12.—24. 12. 39	125 g Butter 3 1. 1.—7. 1. 40	Gültig vom 18. 12. 1939 bis 14. 1. 1940 **Reichsfettkarte**	80 g Margarine oder Kunstspeisefett oder Speiseöl a 2 18. 12. 39—14. 1. 40	80 g Margarine oder Kunstspeisefett oder Speiseöl a 1 18. 12. 39—14. 1. 40
200 g Butter 2 25. 12.—31. 12. 39	125 g Butter 4 8. 1.—14. 1. 40		62,5 g (1/8 ℔) Margarine oder Kunstspeisefett oder Speiseöl b 2 8. 1.—14. 1. 40	90 g Margarine oder Kunstspeisefett oder Speiseöl b 1 18. 12. 39—14. 1. 40
62,5 g (1/8 ℔) Schweineschmalz oder Speck oder Talg 2 25. 12. 39—7. 1. 40	125 g Butter Sonderzuteilung 18. 12.—31. 12. 39	EA: Solingen Name: Wohnort: Straße:	170 g Kondensmilch 4 18. 12. 39—14. 1. 40	62,5 g (1/8 ℔) Käse oder 125 g Quarg 2 25. 12. 39—7. 1. 40
62,5 g (1/8 ℔) Schweineschmalz oder Speck oder Talg 1 18. 12.—31. 12. 39	62,5 g (1/8 ℔) Schweineschmalz oder Speck oder Talg 3 1. 1.—14. 1. 40	Ohne Namenseintragung ungültig! Nicht übertragbar! Sorgfältig aufbewahren! Falls die Abschnitte a1 u. a2 nicht für die Kantine oder Werkküche benutzt werden, empfiehlt es sich, zur Erleichterung des Abwiegens auf diese Abschnitte und b1 250 g Margarine usw. in einer Menge zu beziehen.	62,5 g (1/8 ℔) Käse oder 125 g Quarg 3 1. 1.—14. 1. 40	62,5 g (1/8 ℔) Käse oder 125 g Quarg 1 18. 12.—31. 12. 39

Butter, Speck, Öl, für vieles brauchte man eine Zuteilungskarte.

konnte eine Familie in Verzweiflung stürzen. Seit 1939 schon wurden Schuhe, Möbel, Hausrat und Treibstoff amtlich zugeteilt, auch „Spinnstoffwaren", das hieß Anzug, Hemd und Hose. Sogar „Bergmannspunkte" waren im Handel, obwohl unsere Stadt mit Bergbau wenig zu tun hatte, aber in den Solinger Geschäften konnte auch damit eingekauft werden.

Wer im ländlichen Solingen, in Aufderhöhe oder Rüden, nicht die bescheidenen Gemüseschätze eines Gärtchens ernten konnte, dem blieb nur der Griff zu diesen Lebensmittelkarten und offiziellen Bezugsscheinen. Brot, Fleisch und Fett, für vieles brauchten unsere Eltern zudem „zur Sicherstellung der Versorgung im Kriegsfall", wie es begründet wurde, eine gesonderte Zuteilungskarte.

Nur Schwerarbeiter, Fronturlauber und werdende Mütter kamen in den Genuss erhöhter Rationen. Aber wenn die Frauen neben ihrer abendlichen Haus- und Erziehungsarbeit auch noch in einer Fabrik arbeiteten, um ihre Familien über die Runden zu bringen, reichten Karten und Kalorien vorne und hinten nicht.

Steckrüben und „geheimnisvolle" Suppen

„Es wird gegessen, was auf den Tisch kommt" musste man den hungrigen Mäulern mittags deshalb nicht lange predigen, die Auswahl war ohnehin bescheiden und erst die Masse stillte vielleicht den Hunger. Auch der Standardsatz vom „Teller leer essen" hämmerte sich uns zwangsläufig in die Köpfe. Selbst wenn es wirklich Überwindung kostete, zum x-ten Mal die im Laufe der Zeit herzlich verhassten Steckrüben herunterzuwürgen, der Hunger, wie es so schön und wahr heißt, trieb's am Ende hinein.

Eintöpfe und Suppen waren die Solinger Küchen-Favoriten, darin ließen sich eine Menge Zutaten unterbringen, von denen man am Ende auch gar nicht wissen mochte, was man da eigentlich auf dem Löffel hatte.

Johannes Rau, der Bundespräsident aus Wuppertal, selbst ein Heranwachsender in diesem Jahrzehnt, wurde 1994 von der Zeitschrift „Der Feinschmecker" gefragt, welchen Namen er einem eigenen Restaurant wohl geben würde. Die schlichte Antwort Raus reflektierte die Ernährungslage unserer vierziger Jahre: „Angesichts meiner wenig ausgereiften Kochkunst hieße es ‚Kohldampf'!"

Ziel der Flucht: Thüringen

Neben der Trennung von den Vätern war für zahlreiche Solinger Kinder fraglos der zeitweilige Abschied von den Geschwistern mit der einschneidendste Augenblick ihres Lebens.
Angesichts der ständig wachsenden Kriegsgefahr an Rhein und Ruhr wurden viele Kinder aus Gründen der Sicherheit sozusagen zu Migranten. Schon im Frühjahr 1941 verließen 800 Kinder Solingen im Rahmen der sogenannten erweiterten Kinderlandverschickung, ihr Reiseziel war das Sudetenland.
Sechs- bis Zehnjährige wies man dabei in Familienpflegestellen ein, die Älteren landeten in eigens eingerichteten Lagern. Wenn es das Schicksal gut mit ihnen meinte, behandelten die Gasteltern sie wie eigene Kinder, manche jedoch fühlten sich regelrecht als billige Arbeitskräfte ausgenutzt und mussten kräftig mit anpacken.

Der NS-Propaganda ausgeliefert

Werbekampagnen unterstützten die Kinderlandverschickung. In den Lagern herrschte ein straffer paramilitärischer Umgangston, in den dafür requirierten Landschulheimen oder in Jugendherbergen fand die nationalsozialistische Propaganda ein ideales Betätigungsfeld, um die Jugendlichen mit ihren Durchhalteparolen zu manipulieren.

Als die Großangriffe auf Wuppertal-Barmen, Elberfeld und Remscheid im Sommer 1943 ankündigten, dass der Kampf um die Ruhr auch die bergischen Ausläufer erreichen würde, kam es zum Ende der Schulferien im Juli 1943 zum zweiten und größten Treck: Der weitaus größte Teil der Solinger Schülerinnen und Schüler brach mit den sie begleitenden Müttern zur Flucht in den Osten, größtenteils nach Thüringen, auf.
Immerhin bewahrte die Evakuierung diese Kinder davor mitzuerleben, dass ihre Heimat ein reichliches Jahr später auch ein Opfer des Bombenkriegs wurde.
Wenn unsere Großeltern oder Tanten die evakuierten Kinder in Thüringen besuchten, hatte das für uns Daheimgebliebene etwas von einem Abenteuer mit fragwürdigem Ausgang. In ihren Berichten von der Reise schnappten wir Kinder gelegentlich die Befürchtung auf, „der Russe" sei auf dem Weg in den Westen, und das klang mehr als bedrohlich. So wurden Ängste geschürt, die uns bis in die Träume verfolgten.
Sehr viel später, in der Zeit des Kalten Krieges, erwachten diese Klischees neu. Eine weltweite atomare Bedrohung, durch die Kubakrise heraufbeschworen, die Bilder vom Berliner Checkpoint Charlie, Panzer auf beiden Seiten, weckten die alten Ängste. Sie prägten viele Jahre das ideologische Weltbild unserer Kriegsgeneration. Erst die Ostpolitik von Willy Brandt und Walter Scheel in den siebziger Jahren half mit, einige der Vorurteile endgültig abzubauen.

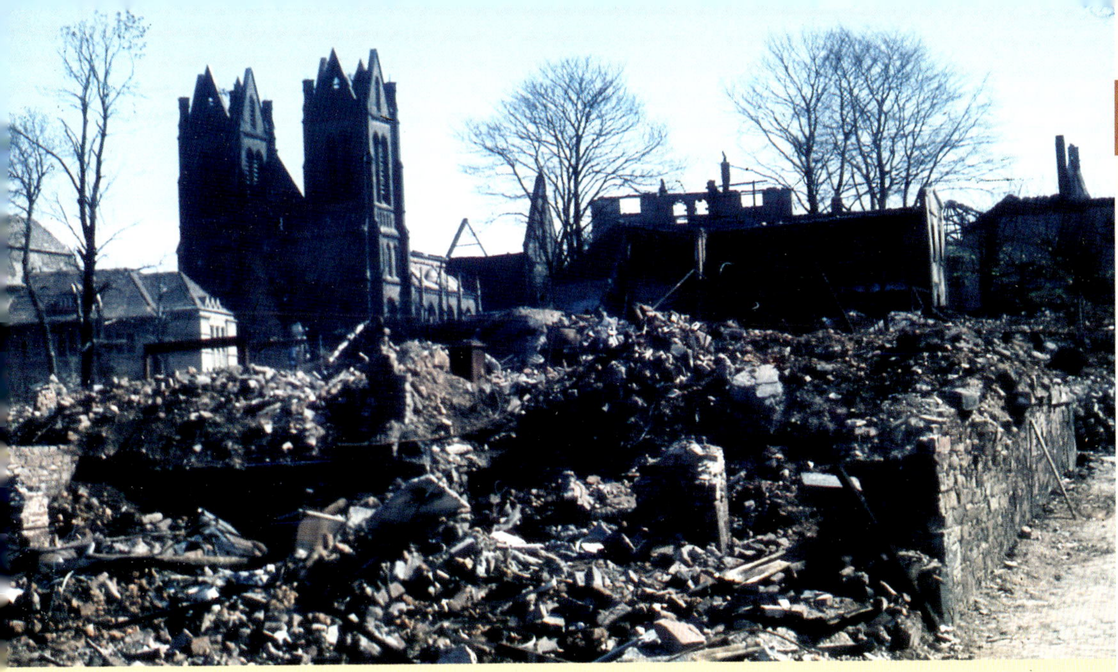

Der Schrecken des Krieges hatte das Herz der Solinger Altstadt erreicht.

„Die trümmernackte Stadt“

Was die älteren Solinger verknappt „den Angriff“ nennen, dafür gibt es mittlerweile wissenschaftlich gesicherte Daten, Aktenberge aus dem Londoner „Ministry of Defence“, aber sie sagen nur wenig aus über das Chaos des Grauens, das am 4. und 5. November 1944 innerhalb von nur 44

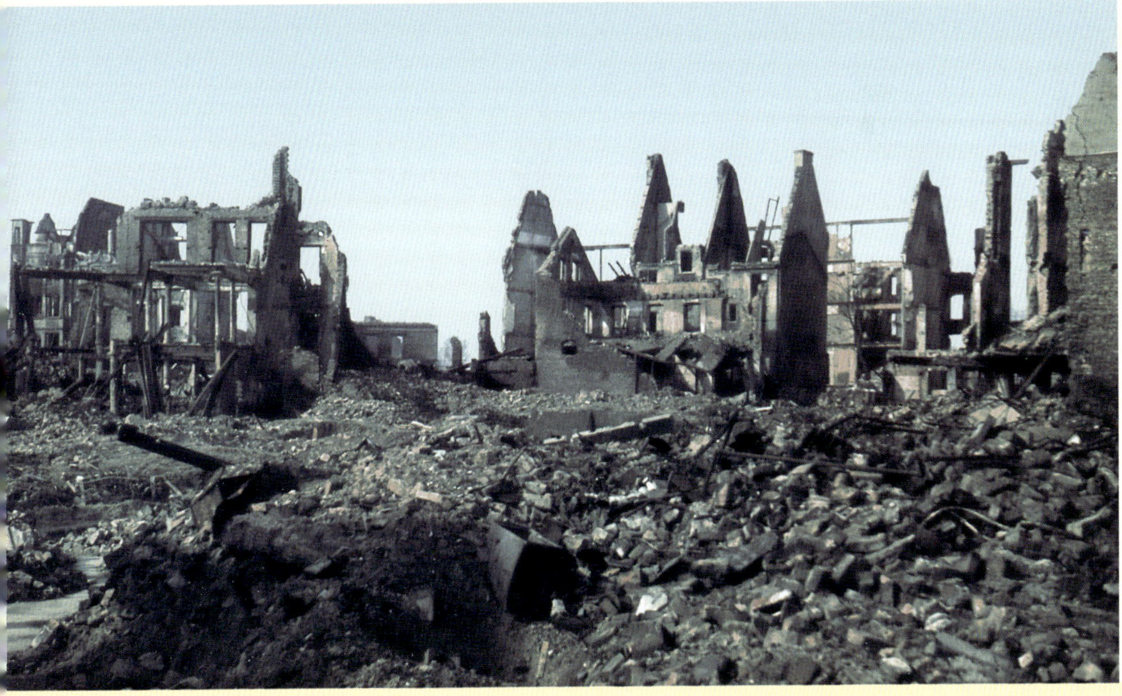

Für Kinder wurden Trümmerberge zu Abenteuerspielplätzen.

Zahlreiche Grabsteine erinnern an die Opfer, manchmal ist selbst ihr Name nicht bekannt.

Minuten den historischen Stadtkern der Klingenstadt in Schutt und Asche legte. Die Statistiken der britischen Wehrmachtsprotokolle können nicht widerspiegeln, welches Elend der Bombenhagel über die militärisch hoffnungslos unterlegene Stadt und ihre Bewohner brachte.

Die militärische Übermacht der alliierten Luftwaffe war erdrückend: 170 britische Lancaster-Bomber, von Südosten über Wermelskirchen und Burg einfliegend, warfen am ersten Tag des Großangriffs gegen 14.00 Uhr in einer Viertelstunde auf das Gebiet zwischen Krahenhöhe und den alten Hauptbahnhof 822 Tonnen Sprengbomben, außerdem 123 Tonnen Brandbomben. Hunderte von Feuern versuchte die Solinger Feuerwehr mit Unterstützung aus Wuppertal, Köln und Düsseldorf, Velbert und Oberhausen unter Kontrolle zu bekommen. Hunderte von Gebäuden gingen in Flammen auf.

Am darauffolgenden Sonntag wiederholte sich, diesmal ohne Vorwarnung durch Sirenen und damit völlig überraschend, wieder gegen Mittag, das grauenvolle Bild: 165 britische Bomber griffen erneut und ohne entscheidende Gegenwehr an. Diesmal legte sich ein Bombenteppich von 783 Tonnen Sprengbomben und 1105 Brandbomben über die Altstadt mit ihren Fachwerk- und Schieferhäusern bis hin zur Kronprinzenstraße. Als die Lancaster-Maschinen nach „erfolgreicher Mission" abdrehten, war das Zentrum der Klingenstadt eine Trümmerwüste, waren 20 000 Solinger obdachlos.

Am Abend meldete der englische Rundfunk Vollzug: „Solingen, das Herz der deutschen Stahlwarenindustrie, ist eine zerstörte, tote Stadt."

Gedenken
an die Opfer

Über 2000 Tote waren in Solingen zu beklagen, allein in der Wartehalle des Hauptbahnhofs zählte man am 4. November 300 Opfer. Ganze Familien wurden mit einem Schlag ausgelöscht.

Unter den Toten waren auch rund 150 Zwangsarbeiter und Kriegsgefangene, von denen fünf junge Frauen auf dem kleinen „Russenfriedhof" an der Burger Höhe bestattet wurden.

Auf dem Ohligser Kommunalfriedhof am Hermann-Löns-Weg erinnert heute ein Mahnmal an 13 russische Opfer. Ein weiteres, mit Sowjetstern, Hammer und Sichel geschmückt, gedenkt in Gräfrath gleichfalls der russischen Zwangsarbeiter, die in Solinger Firmen und Rüstungsbetrieben arbeiten mussten und im November 1944 ebenfalls ums Leben kamen, ebenso wie 112 Polen, die ein massives Steinkreuz in Gräfrath ehrt.

In Panik Hilfe suchend

Augenzeugenberichte sprechen von unvorstellbaren Szenen, von Frauen, die in Panik durch die zerstörten Straßen irrten, von „Ausgebombten", die in großer Verzweiflung ihr letztes Hab und Gut in Handwagen durch die Stadt zogen. Manche hofften, dass eventuell Freunde oder Arbeitskollegen in den von den Bombern weitgehend verschonten Stadtteilen – in Ohligs, Gräfrath oder Wald – Hilfe anbieten konnten. Natürlich war das Leben in einer „trümmernackten Stadt", wie der Solinger Publizist Hanns Heinen das zerstörte Solingen einmal poetisch umschrieb, mühselig, trostlos und gefährlich.

Allheilmittel Jod

Uns Kindern, in der glücklicherweise verengten Sichtweise, erschloss sich das Trümmerfeld nebenan, wo der Schutt sich zu gewaltigen Bergen auftürmte, als zwar verbotener, aber dennoch reizvoller Spielplatz. Jeden Tag gab es neue (und verdammt riskante) Entdeckungen zu machen, Mauerreste waren Hindernis oder Gelegenheiten zum Verstecken.
Alte, wirklich vergammelte Matratzen wurden als Ersatz-Trampoline genutzt – bis wir Tage später an Armen oder Beinen Geschwüre entdeckten, mit denen wir die wenig hygienische Begegnung mit dem Innenleben zerstörter Wohnungen bezahlten. Jod war dann wie immer das schrecklich-schmerzhafte Allheilmittel für alle Wunden und Schrammen, die wir uns an Balken, verbogenen Eisenträgern, Gittern und Zäunen eingehandelt hatten.

Mit Schwung und Rollschuhen ging es aus der alten Ziegelstraße in Richtung Bavert.

„Stopp die Bahn!"

Immerhin waren die Straßen Solingens, wenigstens die in den von den Bomben verschonten Stadtteilen, ganz allgemein das Revier der Kinder. Autos in Privatbesitz zählten zu den bestaunten Raritäten. Wir spielten auf der Straße Fußball, die Mädchen fuhren elegante Schlangenlinien mit ihren Rollschuhen. Selbst die dahinzockelnde Straßenbahn war keine echte Herausforderung. Der Fahrer dieser Bahn reagierte mit jähem Halt auf das Signal seines Schaffners bzw. seiner Schaffnerin – und da bremste, wer eine Trillerpfeife besaß und einen zügigen und rettenden Sprint hinlegen konnte, gern und aus schierem Übermut schon mal die Straßenbahn auf offener Strecke aus. Die hielt dann auch prompt und notgedrungen. Die die Aktion begleitenden wütenden Flüche des Schaffners gehörten zu diesem speziellen Kinder-Vergnügen dazu wie die Zwiebel zur Kottenbotter und schreckten nie sonderlich ab, solange man nur nicht erwischt wurde.

„Buckwell" mit Schnürschuhen

Im Winter verwandelten sich die Straßen in ein wahres Schlittenparadies. Es herrschte Vor-Streuwagenzeit, Glatteis war, naturgegeben und nicht zu ändern, verteufelt rutschig und damit auch bestens geeignetes Gelände für rasante Schlittenfahrten. Die „Buckwell" genannte Kürübung – also auf dem Bauch liegend, den Schlitten mit den Füßen steuernd und notfalls auch bremsend – gehörte zu den Highlights.

Wer so in der Südstadt vom Dorperhof mit vielen Serpentinen den Berg hinunterjagte Richtung Bertramsmühle oder an der Schwanenstraße die letz-ten Eiszeitbuckel runter in die Heide bretterte, mit dem Jubelgeschrei der Klassenkameraden im Rücken, der schwebte im siebten Winterhimmel. Selbst der aufstiebende Schnee nach halsbrecherischer Schussfahrt, der sich mühelos seinen Weg durch Schnürschuhe und überhaupt nicht winterfeste Beinkleider bis zu Knie und Oberschenkel bahnte, konnte daran nichts ändern.

Schnee fiel (noch) reichlich, die Straße runter nach Breidbach war ein Schlitten-Paradies.

Wasser-Trauma für ein ganzes Leben

Es gab im „Trümmer-Solingen" auch Erlebnisse, die jedweder romantisierenden Verklärung im Weg standen. Überliefert ist die gottlob glücklich endende Geschichte einer Sechsjährigen, die mit ihren Freundinnen am Rand eines mit reichlich Regenwasser gefüllten Bombentrichters spielte, wie man sie zum Beispiel am Jagenberg und rund um die Galapa heute noch antreffen kann.

Die Kleine rutschte gedankenverloren beim Spiel plötzlich in diesen Bombentrichter ab, die Freundinnen schrien verzweifelt um Hilfe. Vom nahen Gartengrundstück eilte der Nachbar mit einer herausgerissenen Bohnenstange herbei und versuchte dem um sein Leben ringenden Kind diese Stange anzureichen. Beim dritten Auftauchen geschah das kleine Wunder: Das Mädchen kriegte endlich die Stange zu fassen und wurde gerettet.

Jahre später, in der Schulzeit, wunderten sich Lehrerinnen und Mitschüler, dass die kleine Ingrid nicht einmal vom Ein-Meter-Brett springen wollte und dass das Untertauchen ihres Kopfes ins Wasser beinahe panische Reaktionen auslöste. Erst vier Jahrzehnte später, als sie ihre dramatische Bombentrichter-Geschichte erzählte, wurde ihr bewusst, welches Nachkriegstrauma sie ein Leben lang begleitet hatte.

Die Bilanz des Bombenkrieges
in Solingen

Jahr	Angriffe	Bomben	Tote	Verletzte
1940	7	144	1	8
1941	10	248	1	6
1942	3	306	0	2
1943	13	6705	63	155
1944	21	18600	1994	2276
1945	44	1200	194	149
gesamt	98	27203	2253	2596

Diese Werte müssen als Annäherung verstanden werden, denn die Angaben der amerikanischen Untersuchungskommission und der Solinger Stadtverwaltung weichen teilweise voneinander ab.

US-Panzer der 97. Infanterie-Division erreichten Aufderhöhe. Das Kriegsende war nahe.

Die Gießerei Rautenbach am Mangenberg war Rüstungsbetrieb und damit ein bevorzugtes Ziel der alliierten Bomber.

Solingen – eine besetzte Stadt

1945 wurde zum Jahr der militärischen Entscheidung und zum Jahr der Wende: Noch einmal bombardierten über 300 britische Bomber am 16. Februar die Klingenstadt. 105 Tote hieß die Bilanz des gezielten Großangriffs auf die Firma Rudolf Rautenbach am Mangenberg, einen der größten und wichtigsten Rüstungsproduzenten im Bergischen Land. Das Unternehmen, das im Sommer 1944 fast 4000 Arbeiter beschäftigte, darunter mehr als ein Drittel Frauen und eine beträchtliche Anzahl von Zwangsarbeitern, wurde, wie eine englische Studie dokumentierte, zu 70 Prozent zerstört. Der Angriff sollte die Handlungsfähigkeit der deutschen Luftwaffe und deren Flugzeugproduktion entscheidend treffen, und genau dieses Ziel wurde auch erreicht.

Die Amis waren da – Erinnerungsfoto vor dem Stadthaus an der Potsdamer Straße.

Kriegsende am 17. April

Zwei Monate später war Solingen, mit Düsseldorf die letzte noch nicht besetzte Stadt im sogenannten „Ruhrkessel", von Soldaten der 97. US-Infanterie-Division eingenommen. Die GIs, wie die amerikanischen Soldaten genannt wurden, griffen die Klingenstadt am 16. April von Burg, von Hilden bis Ohligs und von Widdert aus an, sie überquerten die Wupper auch bei Müngsten und standen, ohne in Kämpfe verwickelt worden zu sein, am 17. April am Solinger Stadthaus an der Potsdamer Straße. Dort setzte der US-Stadtkommandant Major John O. Hall den SPD-Politiker Oskar Rieß als Oberbürgermeister der besetzten Stadt ein. Das Kriegskapitel für Solingen, was konkrete Kampfhandlungen betraf, war geschlossen.

„Klömpken" oder Kippe

Die „Amis", die Besatzungssoldaten aus Maine, Vermont und New Hampshire, bedeuteten für uns Kinder eine schlichte Sensation. Es war nicht nur die Begegnung mit „feindlichen Soldaten", mit Fremden, sondern auch mit Menschen, die eben Englisch sprachen und die wir natürlich überhaupt nicht verstanden. Gesten und Mimik ersetzten die erste vorsichtige verbale Kommunikation. Ein Glücksfall, wenn einer der fremden Soldaten mit einem „Klömpken", einer Süßigkeit in der Hand, und einem Lächeln alle Skepsis zerstreute. Älteren Geschwistern hatten es die weggeworfenen Zigarettenkippen eher angetan, aber es brauchte Geduld, bis man in einer Blechdose genügend Tabak gesammelt hatte, um sich selbst eine dieser Kostbarkeiten zu drehen.

Wieder Fragen nach den Vätern

In den Familien wechselten Sätze der freudigen Erleichterung mit bangen Fragen. Es war wieder die Sorge um die Väter, die ja irgendwo im Cha-

Chronik

17. April 1945
Mit dem kampflosen Einmarsch amerikanischer Truppen ist Solingen ab 13 Uhr eine besetzte Stadt.

10. September 1945
Die Solinger Volksschulen nehmen den Unterricht wieder auf, die Höheren Schulen folgen am 4. Oktober.

März 1946
Auf einem einzigen Feld an der Kluse werden 4000 Kartoffelkäfer gesammelt.

15. Mai 1946
An der Ahrstraße in Ohligs werden in der „Berufspädagogischen Akademie des Landes NRW" Berufsschullehrer ausgebildet.

9. April 1947
Mit 120 Arbeiten von 62 Künstlern wird in Ohligs die erste Bergische Kunstausstellung eröffnet.

20. Juni 1948
40 Deutsche Mark „Kopfgeld", später kommt ein Nachschlag von weiteren 20 DM dazu, werden bei der „Währungsreform" jedem Bürger gezahlt. Für 57 000 Haushalte in Solingen werden 5,5 Millionen DM „ausgeschüttet".

14. August 1949
Die SPD siegt im Wahlkreis Solingen (und Remscheid) bei der ersten Bundestagswahl mit 26,4 % vor CDU (22,5 %), KPD (21,9 %), FDP (18,5 %) und RSF (7,4 %).

29. Oktober 1949
Im Verlag B. Boll erscheint wieder, mit einer Startauflage von 7000 Exemplaren, das „Solinger Tageblatt", liebevoll „Bolls Blättschen" genannt.

Die Solingerin Annemarie Krings veröffentlichte in den Niederlanden ihre Biografie und beschrieb die lebenslange Suche nach dem vermissten Vater, der 1942 bei Charkow in der Ukraine gefallen war.

os der zusammenbrechenden Fronten „unterwegs" waren. Lebten sie noch, waren sie verletzt, verwundet, waren sie Gefangene geworden, galten sie vielleicht sogar als vermisst? Oder wurden sie, mit der bestürzenden Aussicht auf einen Aufenthalt auf den berüchtigten linksrheinischen Rheinwiesen, vielleicht gerade in diesen Stunden irgendwo in den Straßen Solingens aufgegriffen und in das improvisierte Gefangenenlager transportiert, das die Amerikaner in Witzhelden eingerichtet hatten?

In unserer Kinderwelt herrschte eine unkontrollierbare Anspannung. Draußen, in unserer Stadt, wogte für Tage ein Hin und Her von Menschenströmen – Soldaten, Flüchtlinge, Vertriebene, dazu Solinger, die nach Monaten der Flucht in vermeintlich sichere Orte endlich in die Heimatstadt zurückkehren wollten.

Unterkünfte für Zwangsarbeiter

Dazu kamen die sogenannten „Displaced Persons", derer sich zuerst die Amerikaner, dann ab Ende Mai auch die britische Militärregierung annahm. So wurden 2000 russische Zwangsarbeiter im Halfeshof untergebracht, Hunderte von italienischen Gefangenen fanden eine Unterkunft in der August-Dicke-Schule. Für 3500 polnische Zwangsarbeiter wurde an der Beethovenstraße das „Camp Warschau" gebildet, das die Solinger „Polenlager" nannten. 100 Wohnhäuser mussten von ihren deutschen Bewohnern in Tagesfrist für diese „Displaced Persons" geräumt werden. Erst im November 1953 wurde das „Camp" aufgelöst.

In der WMTV-Turnhalle trennten Laken provisorische Kojen für die Flüchtlinge ab.

Sechs
Oberbürgermeister

Nach dem Kriegsende hatte Solingen zunächst drei von den Besatzungsmächten eingesetzte Oberbürgermeister. Die Amerikaner bestimmten im April 1945 Oskar Rieß (SPD), im Mai 1945 Josef Briesch (SPD). Im Februar 1946 setzten die Engländer Albert Müller (KPD) ein. Nach der ersten Kommunalwahl folgte im November 1946 Gerhard Hebborn (CDU), im November 1948 Eugen Maurer (SPD) und im Dezember 1955 Karl Haberland (SPD), der das Amt bis 1961 innehatte.

Trümmer und Transporte

Die gewaltigen Trümmermassen in Alt-Solingen erforderten eine entsprechende Logistik. Kein Wunder, dass Auto-Transportunternehmen besonders gefragt waren. Schon damals tauchten bekannte Speditionsnamen auf – Dahmen, Kimpeler, Küthe und Schnug. Allein 204 Firmen dieser Art zählte man 1948/1949. Dazu kamen noch spezielle Abbruch- und Abladeunternehmen, auch einige Pferdegespann-Transporte. Vorrangig galt es, Trümmer zu beseitigen, Häuser zu entrümpeln,

gesprengte oder abgebrochene Ruinen zu räumen. Ende 1948 war die städtische „Sofortmaßnahme Obdach" abgeschlossen: Aus den bis dahin in Solingen weggeräumten 300 000 cbm Trümmermassen waren viereinhalb Millionen Ziegelsteine geborgen worden, die sofort „zur Wiederwohnbarmachung" leicht beschädigter Gebäude verwendet werden konnten. Erst 1959 konnte die städtische Räum- und Unterhaltungskolonne, die zeitweilig aus 15 Arbeitern bestand, aufgelöst werden.

Zerstörungen in der Dorper Straße Richtung Breidbacher Tor/Altstadt nach dem Angriff im November 1944.

Zivilisten aus dem Ostblock, vor allem aus der Sowjetunion und Polen, wurden als Zwangsarbeiter für Solinger Firmen rekrutiert.

Positive „Völkerwanderung"

Sie sagten „Lorbass", wir sagten stattdessen „Knallkopp". Vollends verriet sie ihre ungewohnte „merkwürdige" Aussprache des Deutschen. Die Kinder, die uns auf der Straße begegneten, im Kindergarten, in der Schule, sie sahen uns äußerlich sehr ähnlich, ihre Kleidung war so bescheiden wie die unsrige, ihre Gesichter, ihre Haartracht, ihr Aussehen auch, nur wenn sie redeten, wurde uns klar: Der neue Mitschüler war ein Flüchtlingskind, war mit seinen Eltern nach Westen geflohen, aus West- und Ostpreußen, Pommern und Schlesien, und war (gerade noch) rechtzeitig in Solingen angekommen.

Fast 6000 dieser „Heimatlosen" lebten schon im August 1945 in der Klingenstadt, sodass sich wenige Monate später eine extra installierte Flüchtlingsbetreuungsstelle um sie und um Wohn-

raum für diese Neuankömmlinge kümmern musste. Dabei konnte sich jeder glücklich schätzen, wenn er eine Privatwohnung zugewiesen bekam, auch wenn der Wohn-„Raum" pro Person gerade mal vier Quadratmeter maß. Aber der Zustrom, auch von Schlesiern und Sudetendeutschen, hielt an, sodass für die meisten der Vertriebenen das triste Leben in Baracken für Monate und Jahre zum Solinger Alltag wurde.

Leben auf engstem Raum

Massenunterkünfte mussten her, in Baracken, in Schulgebäuden. In 27 Gaststätten mit großen Sälen und Veranstaltungsräumen, von der Bienenhalle in der Südstadt bis Zellerberg an der Katternberger Straße, von Hölscher in Landwehr bis zur Burg Hohenscheid, überall im Stadtgebiet wurden Lager eingerichtet. Außerdem wurden Räumlichkeiten genutzt in den Volksschulen Fürk, Central und Bünkenberg, im Humboldt-Gymnasium, am Gräfrather Exerzierplatz. Fünf Luftschutzbunker wurden zusätzlich „umgerüstet".

Als nach 1949 eine neue Flüchtlingswelle aus der Sowjetzone, der späteren DDR, anrollte, mit vielen jungen Menschen vor allem, waren weitere Kapazitäten gefordert; 1952 wurden insgesamt 12 862 Flüchtlinge in der Klingenstadt registriert. Wer keinen Platz mehr in einem Lager fand, dem blieb nur eine Hütte im Wald oder – mit Glück – eine Holzbude in den Solinger Kleingartensiedlungen.

Flächendeckende „Integration"

Trotzdem stellte die Stadtverwaltung positiv heraus, dass es in der Klingenstadt nicht zu „Zusammenballungen", den sogenannten „Flücht-

Wie hier am Gräfrather Exerzierplatz war es für viele eine Kindheit in Baracken und Lagern.

lings-Ghettos" kam. Die neuen Mitbürger richteten sich ein, blieben bei uns, wurden Solinger. Die für uns typischen Gesellschafts-Vereine, von denen es schon 1949 sensationell viele gab, nämlich 396 mit den Schwerpunkten Gartenbau, Obst und Gesang, halfen ihnen dabei wie auch die Kirchen. Für uns Kinder klappte das mit der Integration kindgemäß problemloser: Der Flüchtlingsjunge war schnell einer von uns, wenn er in der Fußballmannschaft mitspielte, in der „Bande" mitmachte, Stöcke schnitzen oder Mädchen ärgern konnte wie wir. Auch die Mädchen fanden über angehimmelte Stars, von denen es eine noch überschaubare Anzahl gab, in ihren „Tuschelecken" in den Pausen schnell zueinander.

Was die Wohnsituation anging, konzentrierten sich die meisten Zugewanderten auf die stark zerstörte Innenstadt und die Bezirke Central und Mangenberg.

Die abschließende Bilanz zog 1959 Oberverwaltungsrat Dr. Willi Mombaur: „Solingen wäre längst eine sterbende Stadt, wenn sich nicht durch die Völkerwanderung der Nachkriegszeit für unsere Heimat ein ganz neues Bild ergeben hätte." Dass manche von den „Neu-Solingern" sogar ein paar Brocken „Soliger Platt" sprachen, schlug zwischenmenschliche Brücken. Selbst die langfristige Perspektive des Rückgangs der Solinger Einwohnerzahl machte Dr. Mombaur da keine Sorgen mehr: „Wir dürfen der gesunden Lebenskraft unserer bergischen Menschen, verstärkt durch eine gute Mischung mit den vielen aufgenommenen Neubürgern, die Lösung dieses Problems anvertrauen, wenn auch die Geburtenfreudigkeit, wie sie die Generation unserer Großeltern gekannt hat, nicht mehr wiederkehren dürfte."

Nach dem „Zusammenbruch"

„Die Lage, in der sich die Stadt und ihre Verwaltung nach dem Zusammenbruch befanden, kann man sich nicht dunkel genug vorstellen", resümierte 1949 Solingens Oberstadtdirektor Gerhard Berting. Eine Innenstadt in Trümmern, eine Infrastruktur, die kaum noch funktionierte, dazu eine Wohnungssituation, die man getrost schwierig nennen konnte. Um Wohnraum für die Flüchtlinge zu schaffen, wurden zum Beispiel über 100 Verfahren zum „Wohnungs-Zwangstausch" eingeleitet. Selbst die Stadtverwaltung blieb von den rigiden Maßnahmen der Militärregierung nicht verschont: Nachdem die Briten das Stadthaus für sich reklamiert hatten, fand die Verwaltung nur noch Unterkunft in der Volksschule Clauberger Straße.

„Die Besatzungsmächte waren in ihren Forderungen nach materiellen Dingen nicht maßvoll", hieß dezent die Kritik zu einer Anordnung vom 3. September 1946, die praktisch auf eine Beschlagnahme von Einrichtungsgegenständen hinauslief. Es sprach sicher für die Solinger Bevölkerung, dass – zunächst jedenfalls – Hausrat in großem Umfang gespendet wurde, dann allerdings wurden 326 Erfassungsverfügungen „aufgesattelt". Das uns heute kunterbunt erscheinende Sammelsurium spiegelte die Not wider: 715 Metallbetten, 27 Strohsäcke, 1429 Gabeln, 440 kanadische Öfen wurden da erfasst, außerdem 86 Milchkännchen, 61 Lampen, 83 Eimer, 119 Kochtöpfe und noch vieles, vieles mehr. 2528 m Ofenrohr plus 1685 Kniestücke wurden „an Bedürftigste verausgabt". Es fehlte an allen Ecken und Enden.

Viele Diebstähle

Die wenigen Solinger Ladengeschäfte waren, sofern sie überhaupt noch über Vorräte verfügten, innerhalb kurzer Zeit geplündert, die Waren gestohlen. Meldungen wie die Folgende konnte man in dieser Zeit häufig in der Lokalpresse lesen: „32 Zentner Kartoffeln, 100 Gläser Eingemachtes, sieben Kaninchen, drei Hühner, eine Zuchtgans und ein drei Zentner schweres Schwein war die Beute bei den letzten Einbruchsdiebstählen."

Wir Kinder mussten lange Wege gehen, wenn „beim Bauern" eine Kanne Milch zu holen war oder wir uns aufmachten, um in einem der wenigen Tante-Emma-Läden das Nötigste einzukaufen. Das kleine Glück des Alltags war schon erreicht, wenn zur optimalen Kundenbindung für die Zukunft ein Bonbon für uns dabei heraussprang.

Tausch und Sternendeutung

Wer funktionstüchtige Gegenstände des täglichen Gebrauchs besaß, war sehr gut dran und hatte was zu tauschen. In Kleinanzeigen wurden die bescheidenen Nachkriegswünsche sichtbar: „Biete Akkordeon. Suche gut erhaltene Bett- und Küchenwäsche. Widdert", hieß es da; ein Deal aus Merscheid: „Biete Dauerbrenner. Suche Gasbackofen". Von der Kottermühlenstraße 6 a ist ein sehr spezieller Wunsch übermittelt: „Suche Damenschirm. Biete Herrenschirm." Regen schien in der Klingenstadt jedenfalls kein Fremdwort zu sein.

Zu den originellsten Offerten dürfte fraglos diese gehören. Das von einem Jakob Stümpert geführte „Institut Bergina" an der Schwanenstr. 43 empfahl sich als Zentrum der „Charakter- und Schicksals-Forschung" und nannte, etwas realistischer, sein aktuelles Spezialgebiet: „Charaktervergleichsgutachten bei beabsichtiger Eheschließung." Wer mochte, konnte sich und sein Lebens- wie Liebesglück auch Artur Jansen, einem weiteren Astrologen, an der Altenhofer Str. 57 in Wald anvertrauen.

„Stunde Null" und „Persilschein"

Das Schlagwort von der „unbewältigten Vergangenheit" war noch nicht geprägt, die Eltern und Verwandten, die wir hätten fragen können, wie sie es denn im Dritten Reich gehalten hätten, schwiegen zumeist, wenn das Thema Nationalsozialismus im Raum stand. Auch viele unserer Lehrer, die uns später detailliert die römischen Kaiser oder die Bismarckschen Sozialistengesetzte präsentierten, wollten zur eigenen, selbst erlebten Zeitgeschichte oft nicht Stellung nehmen.

An dieser Elle gemessen, verdient eine zehntägige Ausstellung Erwähnung, die im Saal des „Rheinischen Hofs" am Schlagbaum im Juni 1947 das Unfassbare aufarbeitete. Ihr Titel: „Kampf und Opfer – ein Querschnitt durch das wirkliche Geschehen in den deutschen Konzentrationslagern."

Die quasi offizielle Aufarbeitung leistete in Solingen ein Entnazifizierungs-Ausschuss, der am 16. März 1946 gebildet worden war. Bis 1949 wurden dort 8814 Personen überprüft und in fünf Kategorien, vom Hauptschuldigen bis zum Entlasteten, erfasst. Wer nachweisen konnte, dass er kein Nazi gewesen war, erhielt einen sogenannten „Persilschein".

Es fehlte an fast allen Dingen des täglichen Lebens. Brennholz musste gesammelt werden.

Hamstern bei den Bauern

Unsere Mütter und Großmütter riskierten angesichts der katastrophalen Versorgungslage im Bergischen Land von Zeit zu Zeit eine abenteuerliche Reise mit leider nur mäßigen Erfolgsaussichten. Uns Kinder in quälender Sorge und Ungewissheit zurücklassend, fuhren sie, den Rucksack auf dem Rücken, mit dem Zug zum Hamstern Hunderte von Kilometern weit, an den linken Niederrhein, in die Eifel, bis hinunter zur Mosel oft. Dann liefen sie zu Fuß endlos viele Kilometer von Bauernhof zu Bauernhof und kamen sich vor wie Bettler. Sie tauschten ihr Hab und Gut, meist Solinger Schneidwaren, Küchen- und Schlachtmesser, für wenige Lebensmittel, für Speck, ein paar Kartoffeln, Gemüse und Brot. Oft blieben die Tore der Bauernhöfe verschlossen.

Und selbst die Rückfahrt nach Solingen war gefährlich genug. Wohl dem, der einen Platz in der

Kohlentransport mit dem Schlitten bei eisiger Kälte.

Erlaubt war das „Fringsen"

3. Klasse ergatterte, der saß auf einer Holzbank in einem schmalen Abteil. Andere standen auf den Trittbrettern zwischen den einzelnen Waggons oder hockten sogar auf den Puffern zwischen den Eisenbahnwagen.

Kohlenklau

Von den Güterzügen, die von Hilden und Landwehr heranrollten, wurden teilweise im großen Stil Kohlen „geklaut". Ganze Wälder wurden abgeschlagen, um Brennmaterialien zu „organisieren", besonders im Angesicht des heraufziehenden Hungerwinters 1947, als die Eltern mit uns loszogen, um Bucheckern zu sammeln. War die Suche und das Herausklauben der kleinen Früchte schon mühselig genug, brauchte es, um eine geringe Menge Öl zum Braten daraus „herzustellen", einen erheblichen Kraftaufwand und viel, viel Zeit. Regelmäßig schlichen wir über die abgeernteten Felder, um Kartoffeln oder liegen gebliebene Ähren zu sammeln.

Amerikanische Zigaretten waren die Währung auch auf Solingens Straßen, wer Taschenmesser, Regenschirm oder Feuerzeug besaß, tauschte direkt vor Ort, eine Stange Camel für einen Schirm, made in Solingen.

Für das „Organisieren" von Lebensmitteln, um nicht das zutreffendere Wort „stehlen" zu benutzen, bürgerte sich das Verb „fringsen" ein. Es ging zurück auf eine Äußerung des Kölner Erzbischofs Josef Kardinal Frings, der diese Diebstähle mehr oder weniger entschuldigte.

Mit der Klingenstadt war Kardinal Frings vielfältig verbunden. Am 18. Mai 1947 weihte er die Walder St.-Katharina-Kirche ein, den ersten Kirchenneubau in seiner Amtszeit als Erzbischof. Im August 1948 dankte er in Köln persönlich Solinger Ingenieuren und Arbeitern, die bei der Wiederinstandsetzung des Doms beteiligt waren. Am 3. Februar 1969 wurde der derzeitige Solinger Stadtdechant, Monsignore Heinz Manfred Jansen, von ihm zum Priester geweiht.

Stadtdechant Dr. Heinrich Reinarz hieß Kardinal Frings (rechts) 1951 in Solingen willkommen.

Karriere-Start mit großer Tüte

Mit dem Eintritt in die Volksschule, inklusive Schultüte zur sympathischen Einstimmung, war ein wesentlicher Lebensabschnitt erreicht. Mit dem Tornister auf dem Rücken, begleitet von Eltern und ebenso stolzen Großeltern, begann der Ernst des Lebens. Die jungen Herren trugen Lederhosen, die jungen Damen waren mit frisch geflochtenen Zöpfen anmutig aufgebrezelt. Die Schulen waren zumeist konfessionell gebunden. Gemeinschaftsschulen waren in Solingen (noch) die Ausnahme. In Klassen mit gut und gerne 40 bis 50 i-Dötzchen lernten wir das Alphabet auf klapprigen Schiefertafeln, auf denen die harten Schreibgeräte aus dem hölzernen Griffelkasten herrlich quietschten und an denen ein in Kürze ziemlich schmuddeliger Lappen hing, mit dessen Hilfe die diversen Versuche getilgt wurden.

Zu den erinnerungswürdigen Höhepunkten des Schullebens gehörten, sieht man von ersten klitzekleinen Liebesbriefchen, die besonders mutige Jungs an die bezopfte Dame ihres Herzens verteilten, und Knaben-Keilereien auf dem Schulhof ab, die Wanderungen ins Grüne. Schon ein Tagesausflug in die Ohligser Heide mit ihren sumpfigen Wassergräben, den Libellen am Dreiinselteich oder den Schwänen am Engelsberger Hof war Kinder-Glückseligkeit in der Nachkriegszeit. Wir waren nicht verwöhnt, das Gemeinschaftserlebnis war schon eine tolle Sache für sich.

Das Oberburger „Bett-Ende"

Später endeten Schulausflüge oder Klassenwanderungen zwangsläufig auf den luftigen Burger Höhen. Für viele unserer Generation, die das richtige Wandern genoss, ehe Jogging oder Nordic Walking ihm den Rang abliefen, war die ersehnte

„Aus grauer Städte Mauern" ging es mit dem „Affen" auf dem Rücken und dem Wimpel in der Hand zur Oberburger Jugendherberge.

Von Fahrten „in ländliche Stille" schwärmte ein Erlass des NRW-Kultusministers 1954, und so fuhr die Gemeinschaftsschule Krahenhöhe in den Westerwald, einmal auch zum Niederwalddenkmal bei Rüdesheim.

Endstation die im September 1950 wiedereröffnete Jugendherberge in Oberburg. Dort durfte man nächtens von bergischen Grafen im Harnisch und schnuckeligen Ritterfräulein träumen, die in zahlreichen bergischen Sagen und Märchen imposant herumturnten.

Die DJH Oberburg verdankt keinem Geringeren als dem damaligen NRW-Ministerpräsidenten Johannes Rau, dass sie in sämtlichen lokalen Geschichtsbüchern ihren Platz erhalten hat, dank der Rau'schen Feststellung nämlich, die er als Standard-Gag platzierte, wenn immer er aus Wuppertal angereist war. Es sei außerordentlich praktisch, dass dort auf der Bettdecke das Wort „Fußende" aufgedruckt sei, „damit jeder Gast auch ganz genau weiß, wie herum geschlafen wird."

„Reif für Sexta"

Vier Jahre blieben wir in der Volksschule, dann verließen einige wenige Klassenkameraden die vertraute Gruppe. Sie nahmen an einer mehrtä-

gigen Aufnahmeprüfung in Gymnasium oder Lyzeum teil – und mit etwas Glück brachte der Briefträger einige Tage danach den ersten Blauen Brief. Im Gegensatz zu den später erhaltenen Poststücken gleichen Namens enthielt dieser Brief auf einem Schriftstück, das man als mehrfach recycelt bezeichnen konnte, den ersehnten Vermerk „Reif für Sexta".

Am Anfang stand die „herbe Suppe"

Unser Essen war, mit einem Wort, spartanisch. Wir Kinder hatten gar keine Chance, verwöhnt zu werden. Aber dass wir nicht hungern mussten, das dankten wir gewiss auch der Religionsgemeinschaft der Quäker, die in England und USA schon nach dem Ersten Weltkrieg Hilfsprogramme starteten. Auch für uns wurde ihre Quäkerspeise zu einem Begriff, weil die Militärbesatzung eine allgemeine Schulspeisung befahl, die in Solingen funktionierte und auch Kindergartenkinder einschloss.

Dank der Quäker erhielten wir zunächst „eine herbe Suppe", die so schmeckte wie vieles, was in diesen Tagen einfach runtermusste, und nur außerordentlich böswillige Menschen könnten sich darüber wundern, wofür man – wie die Hilfskomitees der besagten Spender im Jahr 1947 – alles einen Friedensnobelpreis bekommen konnte. Immerhin, wir lebten im Land der Täter, und da tat christliche Nächstenliebe im Trümmer-Solingen doppelt gut. Umso mehr, als mit der Zeit eine geradezu liebenswerte Süße die zitierte Suppe erfasste.

Zuckerbrötchen-Luxus

Plötzlich wurden Köstlichkeiten serviert, eine Schokoladensuppe, dazu ein schneeweißes Zuckerbrötchen, außerdem süße Haferflockensuppen, süße Nudelsuppen, süße Weizenflockensuppen, Suppen mit Makkaroni oder Milchhörnchensuppen.

Wenn die einzige heimische Alternative jedoch „Graupensuppe mit Wasser und getrockneten Pflaumen" hieß, dann löffelte man stumm und ergeben eben auch diese immer wiederkehrenden Suppenteller leer. Gewaltige Mengen wurden so unters Solinger Jungvolk gebracht, für sieben Monate waren es dank der lutherischen Kirche in den USA und Kanada 779 445 Portionen, die ein fleißiger Chronist allein für 1947 festhielt.

„Groß-Solinger Heimathilfe"

Weitere transatlantische Hilfe kam unerwartet von einer seltenen karitativen Bürgerinitiative, die der Solinger Auswanderer und Deutsch-Amerikaner Willy Pieper am 30. November 1946 startete. Er rief in der „New Jersey-Freien Zeitung" zu Spenden für seine früheren Landsleute an der Wupper auf und gründete gleich einen Club, der sich pathetisch „Groß-Solinger Heimathilfe" nannte. Und der half zuverlässig: Im Januar 1947 schon erreichten die ersten 35 selbstgepackten Care-Pakete mit Mehl, Erbsen, Fett, Kaffee, Zucker, Reis und Kakao die Klingenstadt, das Solinger Krankenhaus kriegte eine Ladung Medikamente für Bedürftige, Kinder- und Altersheime. Willy Pieper blieb, wenn das Bild für einen ehemaligen Fußballer des FC Solingen 95 Bestand haben kann, energisch am Ball. Er organisierte im Osten der USA Heimatabende, Theateraufführungen, hier eine Tombola, dort einen Musikabend mit dem „Sängerchor Newark" und schickte Päckchen auf Päckchen über den Ozean.

„Sonnenstrahl" und bedeckter Po

Der Solinger Stadtrat dankte dem Ex-Solinger später mit einer offiziellen Urkunde, aber die Briefe, die ihm Solinger Mitbürger ins ferne Amerika schickten, dürften dem Spender gleich viel bedeutet haben. „Freudentränen musste ich weinen, als Ihr Paket ankam", hieß es im Schreiben einer Mutter aus Wald, „wir sind eine Familie mit zwölf Personen und endlich bin ich mal in der Lage, meinen Kindern einen Kuchen zu backen." Aus Solingen kam ein beglücktes Versprechen: „Wir werden die Kaffeebohnen aufheben, da wir im Herbst Goldene Hochzeit haben."
Für viele Empfänger der so unerwarteten Hilfe mochten die Zeilen eines Gräfrathers stehen: „Euer Paket war ein Sonnenstrahl in unserem dunklen Dasein."
Und als in der Kinderabteilung der Städtischen Krankenanstalten sechzig Dutzend Windeln eintrafen, wurde der Solinger Dank begeistert gleich in Reime gegossen: „Die Blüte ist der Stolz der Rose, der Stolz des Säuglings ist die Hose. Wenn man das Bein jetzt aufwärts streckt, ist wenigstens der Po bedeckt. Nun fehlt uns nur zur Seligkeit ein warmes Jäckchen auf den Leib."

Redeschlachten, Wahlkämpfe und Parteigründungen hat er erlebt, der „Rheinische Hof" am Schlagbaum.

Die neuen politischen
Parteien

Nachdem die Militärregierung Mitte September 1945 grünes Licht zur „Bildung von politischen Parteien" gegeben hatte, gründete sich im „Rheinischen Hof" am Schlagbaum am 22. September die SPD-Kreispartei Solingen neu. Am 7. Oktober folgte die KPD, am 18. November, gleichfalls im „Rheinischen Hof", konstituierte sich die Solinger CDU. Solingens Liberale organisierten sich im Dezember in Düsseldorf im Landesverband der Demokratischen Parteien Deutschlands, ehe unter Theodor Heuss am 11. Dezember 1948 endgültig der Zusammenschluss zur FDP stattfand.

Neben dem Sammeln gab es noch andere „wichtige Dinge". Um die Puppe, den Teddy und Roller mussten wir uns schließlich auch noch kümmern.

Mit Opa beim „Müll-Check"

Sammeln war Volkssport, etwas wegzuwerfen, hatte den Status von mindestens mittelschwerer Sünde. Es hätte ja noch irgendwie zu gebrauchen sein können, das Schräubchen ohne Mutter oder das Rohr, das jede Menge Rost angesetzt hatte, wer weiß wofür.

Spaziergänge mit dem Großvater durch die Berge oder durchs Lochbachtal waren deshalb keine botanischen Ausflüge, sondern für uns Kinder spannende Expeditionen, für ihn „Müll-Check" und Materialsammlung. Der Großvater stocherte ebenso zielstrebig wie pingelig durch alle Hecken und Sträucher, er kannte die heimlichen Ecken,

wo jemand „was in den Wald gekippt hatte". Die Beute des Tages – einmal fiel uns ein bizarr verbogenes Restfahrrad in die Hände – wurde entweder in seinem Schuppen deponiert oder landete gewinnbringend bei einem Schrotthändler.

Textile Schätzchen

Den Schrotthändler kannte man ebenfalls gut, weil man ihm zwecks Aufbesserung des Taschengeldes, das lange Zeit nur als sprachlicher Wunschtraum existierte, ganze Altpapierberge heran-

schleppte. Am besten und finanziell lukra-
tivsten, behauptete der, gingen Stoffreste.
Fiel von einem selbst produzierten Klei-
dungsstück ein Streifen ab, der unter gar keinen Umständen mehr zu einer Borte oder
einem Besatz verarbeitet werden konnte, wurde der Stofffetzen deshalb sorgsam gesammelt.

War so oft nach Wochen endlich ein kleines
Bündelchen zusammengekommen, deklarierten
wir den textilen Resteschatz stolz als vermeintlich hochwertige „Schneiderabfälle" – und waren
dennoch über die meist mäßige Entlohnung ent-
täuscht.

Schöne bunte
Briefmarkenwelt.

Poesie mit Glanzbildern
und viele Bierdeckel

Die Mädchen liebten ihr Poesiealbum und das Sammeln von
Glanzbildern.

Monika lerne Menschen kennen
denn sie sind veränderlich,
die Dich heute Freundin nennen,
sprechen morgen über Dich.

Selbstverständlich wurde auch richtig gesammelt,
zum Beispiel Briefmarken, weil die ja wertvoll
waren und eigentlich auch immer wertvoller werden sollten. Glanzbilder waren unschlagbare Favoriten der Mädchen, schon zur Illustration eines
Poesiealbums waren sie unverzichtbar. Später
stiegen viele als Jugendliche auf Autogramme von
Film- und anderen Stars um. Jungen sammelten
querbeet, Streichholzdosen oder, besonders
kurios, denn dazu brauch-
te man mindestens einen
„Onkel in Amerika", Apfel-
sinenpapier.
Außerordentlich beliebt
waren, zumal sie zusätz-
lich als Weitwurf-Spielzeug
genutzt werden konnten,
Bierdeckel. Praktisch jede
Radtour ins Oberbergi-
sche, später ins Sauer-

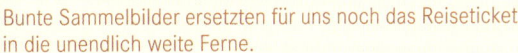
Bunte Sammelbilder ersetzten für uns noch das Reiseticket in die unendlich weite Ferne.

land, in rheinische Regionen, etwa nach Hitdorf, ins Kölner Umland, erst recht in die Voreifel erweiterte mit etwas Glück und jugendlichem Beharrungsvermögen die eigene Kollektion.

Hatte man Weilerswist oder Zülpich erreicht, signalisierte ein farbiges Schild an der Pinte am Straßenrand endlich eine neue Brauerei, damit automatisch das nächste Sammelobjekt, und wenn man ausdauernd bettelte, gab's sogar mehrere Exemplare, die man zu Hause hervorragend tauschen konnte.

Sanella-Tourismus

Der absolute Sammel-Superlativ verband sich schließlich mit dem Namen Sanella. Das war für uns nicht nur Margarine, das bedeutete optisches

Eintauchen in entlegene Welten. Schlichter: Sanella stellte farbige Sammelalben her, die man mit vielen bunten Bildern ansprechend und umsatzfördernd für den Margarine-Hersteller ausgestalten konnte.

So lernten wir von Solingen aus plötzlich Afrika, Australien oder Neuseeland kennen, und das war schon was, denn tatsächlich dort einmal hinzureisen, das war denn doch in den vierziger und fünfziger Jahren utopisch. Erwachsene, die sich mit Kinderträumen offenbar viel besser auskannten, drückten es plastischer aus; für die hatten wir „Rosinen im Kopf".

einem lauschigen Plätzchen ausgebreitet; dort wurde dann „Mitgebrachtes" konsumiert, Sandkuchen aus eigener Herstellung, Obst (will sagen: Äpfel oder Birnen, womöglich pro Kind abgezählt), dazu ein Schluck aus der historisch zu nennenden Feldflasche, Marke Kranenberger, versteht sich.

Traute man sich später in die Nähe einer Restauration, in Höhrath, an der Wipperaue oder an der Scheider Mühle, dann leisteten sich die Eltern dort zwar den Luxus einer „richtigen" Tasse Kaffee,

Der Ruhe-Pilz im ehemaligen Botanischen Garten am Kannenhof konnte gut das Ziel eines Wochenendausflugs sein.

Krüge, Teller, Vasen waren die Favoriten bei den Mitbringseln, wenn es doch mal weiter weg ging, wie an den Königssee.

Picknick mit Feldflasche

Ausflüge verliefen damals in regional überschaubaren Grenzen. Solinger Kegelvereine erreichten mit ihrer schlanken Kegelkasse maximal Sauerland oder Mosel, kein Gedanke an „Alle Neune" in Moskau oder auf Mallorca.

Betriebsausflügler entdeckten per Schiff von Köln bis Andernach oder Boppard erstens den Rhein und zweitens die Freude am Rheinwein, der noch an Bord ausdauernd und mehrstimmig besungen wurde. Davon berichtete dann auch die Lokalzeitung, die beispielsweise 1949 von der Rüdesheim-Tour des Höhscheider „Blotschenklubs" erzählte, der hochoffiziell tatsächlich „Holzschuhrennverein" hieß.

Flog die Familie aus, war das Picknick im Grünen für uns Kinder Wonne genug. Eine Decke wurde im Ittertal oder im Benrather Schlosspark an

aber den Tortenboden dazu, mit Schattenmorellen aus eigenem Anbau, den brachten wir selbstredend mit. Nach dem Kaffee wurde, draußen wie drinnen, gemeinsam gespielt, Quartett, Mühle, Halma und Dame. Für Skat waren wir noch zu jung, aber wir kiebitzten bei sonntäglichen Männerrunden mit und lernten so zumindest schon mal „das Blatt" kennen.

Burger Brezel-Glück

Einmal im Jahr durfte es für uns Kinder dann der große Ausflug sein, und wenn es nicht die Fahrt mit der Schwebebahn zum Wuppertaler Zoo sein konnte, hatte das Traumziel elf Buchstaben und hieß „Schloss Burg". Zwar lag das Grafenschloss in den fünfziger Jahren noch außerhalb der Solinger Stadtgrenzen, im alten Rhein-Wupper-Kreis, aber schon die lange Fahrt mit der Straßenbahn bis Unterburg war ein Hit. Hatte man dann noch das Glück, heimatkundlich versierte Onkel oder Tanten in der Ausflugsgruppe zu haben, glänzten unsere Kinderaugen.

Der Onkel wusste über den „Weißen Stein" zu berichten, die mächtige Felsenecke auf halber Höhe des Schlossbergs – und er verriet uns jungen Zuhörern natürlich nicht, dass der Burger Verkehrs- und Verschönerungsverein die weiße Farbe gelegentlich nachpinselte, um das geologische Wunderwerk attraktiv zu erhalten.

Die Tante konnte herrlich spannend vom legendären Rittersturz erzählen. Da liefen uns Schauer über den Rücken, wenn wir an den kühnen Ritter dachten, der von der hehren Feste ganz weit oben geradewegs in die Wupper gesprungen sein

soll. Und dabei hatten wir die Herrlichkeiten der Burg selbst noch gar nicht erreicht.

Es war eben ein bergisches Rundum-Ereignis, das in uns nachklang, auch wenn der übergroße Burger Brezel, den alle Solinger Kinder für den Heimweg um den Hals gehängt bekamen, längst aufgegessen war.

„Wenn der mit seiner Kamera weg ist, beiß' ich in meinen Burger Brezel!"

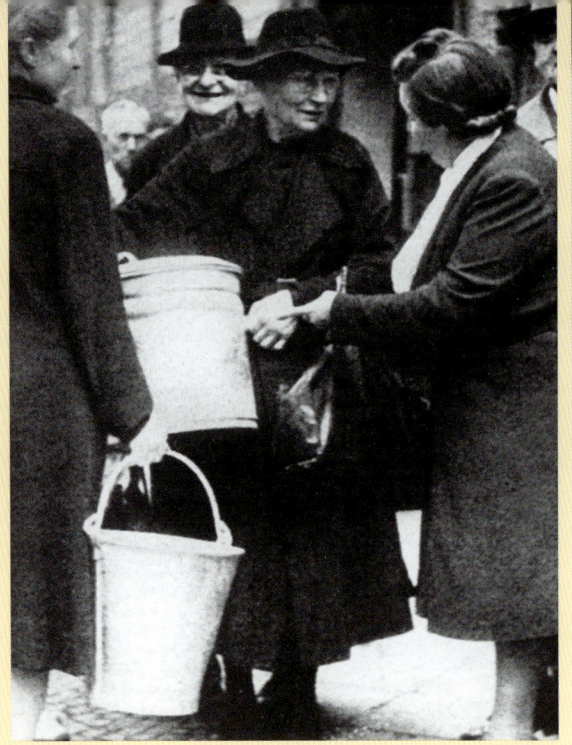

Eimer oder Einkochkessel schien die Alternative, als am Zentral 1948 die ersten Einkäufe mit dem neuen Geld getätigt wurden.

Auch an neue Möbel konnte wieder gedacht werden. Ein Besuch der Kölner Möbelmesse 1950, festgehalten auf einem Foto mit einem Knut-Urahn, war ein beeindruckendes Erlebnis für uns.

„Solig, lot jonn!"

Es war ein verregneter Sommersonntag im Juni 1948, an dem mit der Währungsreform der Traum vom zukünftigen Wohlstand herüberwinkte: ein Eis für einen Groschen, vom ersten neuen Geld ein paar Nylon-Strümpfe, manche Eltern dachten praktisch und kauften einen Einkochkessel. Es gab Apfelsinen und Bananen und lange Warteschlangen vor den Solinger Schaufenstern und Läden. Die DM-Geldscheine waren schon seit dem Herbst 1947 in den USA gedruckt worden und hatten eine entfernte Ähnlichkeit mit dem grünen US-Dollar.

Wir lebten jetzt im Westen in drei Zonen, der englischen, der amerikanischen und einer französischen, was die Kölner Jecken zu einem populären Karnevalslied inspirierte: „Wir sind die Eingeborenen von Trizonesien." In Solingen erreichte die Narretei ebenfalls einen Höhepunkt. In einem Mottowettbewerb für den lokalen Schlachtruf sandten 259 Solinger ihre Vorschläge ein, am Ende kam das hinlänglich bekannte, bis heute gültige „Solig, lot jonn" heraus.

Externes Bade-Vergnügen

Der Alltag veränderte sich für uns Kinder nicht gerade revolutionär. Das Baden zum Beispiel fand wie üblich in einer riesigen Zinkbadewanne statt, wir Kinder kletterten hintereinander in das mehr oder minder reinigende Nass, Wasser war kostbar und zum Wegschütten oder Wechseln viel zu

Mädchen, denen gutmeinende Mütter zur Konfirmation zum ersten BH ihres Lebens zuredeten, selbst wenn diese die Notwendigkeit eines solchen delikaten Kleidungsstückes noch nicht einsehen mochten, hatten sich zu diesem festlichen Anlass über jede Form der „Aussteuer" zu freuen. Sammeltassen waren hoch im Kurs, man hätte von diesen bunten und selten zueinander passenden Porzellangaben einen ganzen Zöppkesmarktstand bestücken können. Die Spül- und Abtrockentücher, die mildtätige Herzen mitbrachten – Aus-

schade. Erst viel später gingen wir, mit Waschlappen, Handtuch und dem (ersten) „Tabac"-Deo ausgerüstet, einmal pro Woche zur Sauerbreystraße oder zur Birker Straße, wo wir unter den Duschen einer Badeanstalt wenigstens mal an hygienischem Luxus schnuppern konnten.

„Gute" Butter und Aussteuer

Es war eine weitgehend reglementierte neue Welt. Respekt wurde anerzogen, vor einem Polizisten, auch vor dem Pfarrer hatten wir einen Heidenschiss. Eine Gaststätte sahen wir, außer nach Beerdigungen, so gut wie nie von innen. Feste familiärer Art wurden selbstredend zu Hause gefeiert, dazu trugen die Jungen ausnahmsweise ihren „guten Anzug". Gut war nicht nur der Anzug, der eigentlich auch für nachrückende Geschwister noch gut zu sein hatte, gut war etwa auch die Butter, die zu außergewöhnlichen hohen Feiertagen die Margarine ersetzte.

Geschenke wurden mit Bedacht, fast für die Ewigkeit gemacht. Jungen bekamen zur Kommunion gern ein gutes Buch oder ein von den Erwachsenen als nützlich interpretiertes Schreibtischbesteck mit Schere und Brieföffner.

Was als Aussteuer für die Ehe begann, fand oft Jahre später noch einen Liebhaber – allerdings nur auf dem populären Zöppkesmarkt.

steuer sollte ja eines Tages einmal den Start ins Ehe- und Familienleben erleichtern –, waren meistens am Ende völlig aus der Mode und so steif, dass man nicht mal ein regennasses Hundefell damit frottieren mochte.

Erbsenduft in der Luft

Dabei hatte das Leben durchaus idyllische Szenen. Wenn der alte Oskar Müller, der „Lebensmittelkönig" am Beginn der Düsseldorfer Straße,

Zum Reinbeißen lecker war die bergische Kombination aus Semmel, Milchreis mit Zucker und Zimt, dazu Kaffee, Zwieback und für den, der Deftiges mochte, auch Schnittkäse.

Verkaufsstände am Straßenrand und Büdchen hatten Hochkonjunktur; dieses verzierte ein origineller Mini-Papierkorb, den „brave" Jungs natürlich auch benutzten.

von seiner großen Karre aus dicken Säcken per Hand Erbsen oder Linsen umfüllte, lag ein seltener Geruch in der Luft. Bei Brot Kroell nebenan im „Bügeleisen" wurde auch Milch verkauft, aus einer Pumpanlage mit einem Riesenschwengel und einem Schauglas dazu. Die Konstruktion erinnerte ein bisschen an einen einarmigen Banditen und wurde von uns Kindern andächtig bestaunt.

Zwieback „gezoppt"

Mit der Zeit ging es auch dem heimischen Mittelstand besser. Quirino und Isaia Cappoci zum Beispiel verkauften schon zu Beginn der fünfziger

Jahre in Ohligs italienisches Speiseeis. An der Friedensstraße hatten sich Karl Altenpohl und Fritz Möller auf Blockeisherstellung und -handlung eingerichtet. Trinkhallen, 14 Stück im gesamten Stadtgebiet, waren der Renner für „Erfrischungen, Gebäck, Tabak, Literatur". 14 Pferdemetzgereien hielten alte Traditionen hoch.

Kuchen und Teilchen wurden auch angeboten, aber viele, vor allem ältere Solinger, beließen es vorläufig noch bei Zwieback, „Schwanenhälsen" und Brezel, die „gezoppt" wurden, also in heiße Milch oder Kaffee getunkt. Das reichte zur bergischen Kaffeestunde voll aus.

Der Daumen des
lieben Gottes

Es brauchte verständlicherweise Jahre, bis Menschen in Solingen die Kraft fanden, die Ereignisse des November 1944 in Worte zu fassen. Zwei Zeitzeugen verfassten literarische Beiträge zur selbst erlebten Heimatgeschichte.

Der Wirtschaftsredakteur des Tageblatts Hanns Heinen verarbeitete den Schrecken des Geschehens in Form eines Gedichts, das er 1947 unter dem Titel „Der Tag der Bomben" zu Papier brachte. Es stellte Fragen („Weißt du noch, wie die Bomben niedersausten? Im Keller saßen wir mit vierzig Mann.") und zog eine Bilanz der Überlebenden: „Widerhall von leeren Wänden, fensterlos die Mauern stehen."

Dr. Karl-Theodor Haanen, promovierter Jurist, der den Schrecken in authentischen Farb-Fotografien festhielt, dokumentierte 1949 den Bombenhagel. Er schilderte, was er im Luftschutzkeller erleben musste: „Die Luft ist erfüllt von dem Todesgesang, von den dunklen Orgeltönen der fallenden Bomben und vom ohrenbetäubenden Lärm der krepierenden Granaten. Oft spürt man zunächst die Erschütterung und hört dann erst das Zerplatzen der Eisenmassen. Der Luftdruck ist jedesmal so stark, dass man glaubt Ohrfeigen zu bekommen."

Trotzdem sprach er, mit dem Optimismus der Verzweifelten, von dem Augenblick, in dem ihm und seinem Sohn das Leben ein zweites Mal geschenkt zu sein schien: „Im Nachbarhaus fiel eine Stabbrandbombe. Sie ist schnell gelöscht, und wie am Tage vorher, so haben wir auch diesmal das Gefühl, dass der liebe Gott den Daumen dazwischen gehalten hat."

Eine Sexta des Humboldt-Gymnasiums demonstrierte 1954, was man damals unter „großen Klassen" verstand. Links der Klassenlehrer Alex Schürner, der „Vater" so vieler Bannersiege in den fünfziger Jahren.

Problemfall Schulgeld

Mit dem Wechsel zu Gymnasium oder Lyzeum begann für viele von uns ein neuer Lebensabschnitt. Man tauschte den alten Klassenverband gegen eine neue Mannschaft, neue Lehrer gab es zwangsläufig auch und, relativ lebensfern, man saß plötzlich getrennt entweder in einer Jungen- oder in einer Mädchenschule.

Was vielen gewiss Begabten diesen Bildungsweg verschloss, war die Tatsache, dass bis in die Mitte der fünfziger Jahre ein entsprechendes Schulgeld bezahlt werden musste. Allein damit war eine soziale Weichenstellung geschaffen. Mit der Trennung zerbrachen Kontakte, wenn man nicht durch Jungschar, Ministranten- oder Pfadfindergruppe oder durch einen gemeinsamen Sportverein die Freundschaft aufrechterhalten konnte.

„Verbotene" Sprache: Platt

Die kurioseste Veränderung stellte sich allerdings in unseren Familien ein. Die Verbindung zu den Großeltern, zumal, wenn beide in Solingen geboren waren, oder zu Verwandten, die in den alten Hofschaften lebten, hatte dazu geführt, dass wir Kinder problemlos die Sprache der Älteren, also die Solinger Mundart, lernten. Wir verstanden die Witze, die sie sich beim Kaffeeklatsch im heimischen Dialekt erzählten, und wir parierten, wenn der Großvater seine polternden Flüche in astreinem Platt über den Hof jagte. Nun sollte das mit dem Schulwechsel mit einem Mal anders werden, das förmliche Verbot hieß: In der Höheren Schule wird nicht Platt gesprochen. Wir hielten uns wohl dran, weil viele „zugezogene" Mitschüler, auch manche Lehrerinnen und Lehrer, uns ohnehin nicht

verstanden hätten. Aber im Reich der Großeltern blieb die Mundart ein umso vertrauteres Stück Heimat und wir verlernten sie deshalb auch ein Leben lang nicht. Do könnt ihr öch drop verloten.

Schüler-Jobs

Selbstverständlich war die Arbeit in der Höheren Schule intensiver und zeitaufwändiger. Viele Schüler mussten nebenher aber auch noch arbeiten, um sich finanziell über Wasser halten zu können. Eine Auflistung in der Schülerzeitung des Gymnasiums Schwertstraße, in der frühen Ausgabe für 1948/1950, zeigt in breiter Ausführlichkeit auf – als sei man regelrecht stolz auf den Einfallsreichtum seiner Schüler gewesen –, welchen „Nebenbeschäftigungen" während der Sommerferien und auch (!) während der Schulzeit die Schüler nachgingen. Beispiele: Kellner am Wochenende, Landarbeit, Botengänge für Schleiferei, Balljunge beim Tennis, Kegeljunge, Autoputzen, Plakate austragen, Aushilfe in Gärtnerei, journalistische Arbeit, Bürohilfe, Aufsicht bei Schulaufgaben, Hilfsarbeiten.

Chronik

1950
Der Unternehmer Helmut Schmidt aus Wald, selbst aktiver „Poseidon"-Schwimmer, erfindet die Frei- und Fahrtenschwimmer-Abzeichen und produziert sie in Millionenauflage.

28. Juli 1951
Der Bildhauer F. Otto Hoppe gründet eine Solinger „Arbeitsgemeinschaft zur Pflege der Mundart", aus der 1952 die „Hangkgeschmedden" hervorgehen.

21. Oktober 1951
Bundespräsident Theodor Heuss weiht auf Schloss Burg die „Gedenkstätte des Ostens" ein, die drei Kirchenglocken aus Königsberg und Breslau aufnimmt.

1952
Von Unterburg bis hinauf zum Schlossberg verbindet, auch zur Freude zahlloser Touristen, eine Sesselbahn die beiden Burger „Stadtteile".

25. Januar 1952
Auf der Strecke vom Walder Wasserturm nach Central springt ein Straßenbahnzug der Linie 2 aus den Schienen und prallt gegen ein Haus. Traurige Bilanz des Unfalls: acht Tote und über 50 Verletzte.

19. Juni 1952
Mit Girlanden geschmückt startet der erste Obus auf der Strecke Dreieck/Neumarkt bis Ohligs.

16. Januar 1954
In Gräfrath wird die Zentralfachschule der deutschen Süßwarenindustrie eingeweiht, die später als internationale „Pralinen-Akademie" einen hervorragenden Ruf genießt.

Trotz der „Doppelbelastung" war es eine Zeit des Aufbaus, des Neubeginns. Dr. Hans Mombauer, der 1952 für zwei Jahrzehnte die Leitung des Gymnasiums Schwertstraße übernahm, zog auch für die Lehrer-Seite eine positive Bilanz: „Die schönsten Berufsjahre waren für mich die ersten Jahre nach dem Krieg. Es wurden wieder Werte sichtbar, die in den Jahren der Verirrung verschüttet waren, und wir freuten uns der wiedergewonnenen Freiheit des Geistes, ohne die man gar nicht Lehrer und Erzieher sein kann."

Unser Lesehunger

Das Wort Bücherwurm musste für uns Kinder nicht erfunden werden, wir lasen, was uns in die Hände kam: Bücher, Zeitungen, von der katholischen „Kirchenzeitung" bis zum evangelischen „Weg". Wir lasen mit zunehmendem Alter immer mehr Seiten des am 29. Oktober 1949 neu gestarteten Tageblatts.

Bücher tauschten und fraßen wir regelrecht, in den städtischen und konfessionellen Bibliotheken herrschte Hochkonjunktur. Groß war der Andrang der Jugendlichen, kein Wunder, dass schon 1950 im Solinger Stadtgebiet zwölf privat geführte „Leihbüchereien" in Anzeigen den „Ankauf von guterhaltenen Büchern" versprachen.

Es wären nicht die konservativen Adenauer-Jahre, hätten nicht die lokalen Hüter der Moral ein Faible für das – natürlich – gute Buch entwickelt. Warnend erhob im Februar 1950 im Tageblatt ein Dr. Hans Knübel den pädagogischen, zur Zensur bereiten Zeigefinger und riet in dem Artikel „Der ‚Schmöker' als Lesestoff" den Solinger Eltern dringend, nur „gute Bücher" anzuschaffen bzw. zu entleihen. Karl May, dem wir so viele zu Herzen gehende Indianer-Epen dankten, er wurde gerade noch toleriert, „Kriminallektüre" sollte dagegen für uns tabu sein.

Aktion „Schmökergrab"

Die Solinger Buchhändler wurden gleich mit ins Boot genommen. 1953 offerierten sie eine Buch-Umtauschaktion mit dem schönen Namen „Schmökergrab". Ein Walder Buchhändler bot zum Beispiel für Schmökerhefte, Räuberpistolen und

Hübsch sortiert nach Geschlecht, gab es „gute Bücher" für Mädchen und für Jungen.

Im Kampf gegen die Comics rief der Walder Buchhändler Paul Schimmelpfennig von der Friedrich-Ebert-Straße lieber eine „Jugendbuchwoche" aus. Motto: „Lesen macht Spaß".

die von allen Kathedern verteufelten Comics im Gegenzug gediegene Jugendliteratur an. Auch die Kommunalpolitik installierte eigens einen lokalen „Unterausschuss (Schmutz und Schund)" und fuhr schweres Geschütz gegen kleine bunte Heftchen auf.

„Akim" und „Nick" mit der Taschenlampe

Viele Schüler, wir waren so erzogen, machten mit und ließen sich auf „gute Hefte" ein. Manche aber steckten trotzdem „Akim" und „Sigurd der Ritter", „Prinz Eisenherz" oder den genialen Meisterdetektiv „Nick Knatterton" heimlich unters Kopfkissen und lasen die spannenden Sprechblasen-Storys beim schwachen Schein der Taschenlampe unter der Bettdecke doch.

Gänzlich ließ sich das Comic-Fieber ohnehin nicht mehr kanalisieren, denn wie ein Blick in histori-

sche Tageblatt-Anzeigenseiten beweist, hatte die Werbung längst die animierende Wirkung der Comics für sich erkannt. So stritten eine „Lilli" und ihr Bruder „Willy" um ein Glas Milch, das Klein-Willy gemeinerweise der doch so sympathischen Lilli einfach wegtrinkt – weil Milch eben viel zu gut schmeckt.

Und aus dem Hause Sanella ward allen Solinger Müttern frohe Möhrenkunde. Ein strahlender und glücklicher Sohnemann, so versprach das Unternehmen 1956 in putzigem Reim, das sei keine Zauberei, denn: „Rübli gibt gesunde Bübli."

In der Werbung war man in Sachen Comics unverkrampfter. In einer Tageblatt-Anzeige von 1956 steht „ein Männlein im Walde" und wirbt für ein Pilzgericht, mit Margarine zubereitet.

Zu den jüngsten Errungenschaften im Solinger Sport gehörte das Fechten, das 1950 im Walder Stadion anschaulich praktiziert wurde.

Sportvereine waren beliebt

Mit der Stabilisierung der politischen Lage lebte das Interesse an sportlicher Betätigung auf, die in unseren alten Schulzeugnissen gestelzt als „Leibesübungen", ein Wort, fast so schlimm wie Körperertüchtigung, bezeichnet wurde. Der Breitensport meldete sich zurück, die Sportvereine schossen dank der prinzipiellen Geselligkeit der Solinger wie die Pilze aus dem bergischen Boden. Dabei stand die spektakulärste Fusion zu einem richtigen Großverein am Beginn der Entwicklung. Unter dem Dach von „Union Ohligs" schlossen sich, feierlich in der blau-gelb dekorierten Ohligser Festhalle mit Vereinslied und Statuten besiegelt, im September 1949 vier Clubs zusammen: der in Merscheid beheimatete Ohligser FC 1906

(OFC), der „Verein für Rasensport" 1919 (VfR), der meist an der Hildener Straße kickte, der BV Ohligs 1912, der unter dem heiteren Spitznamen „Heideblümchen" im Unterland zu Hause war und auf Sandplätzen, erst an der Bonner Straße, später am Hermann-Löns-Weg, aktiv war, und der Allgemeine Turnerbund Ohligs.

Kinderidol war Strackes Kaal

Und als die erste Mannschaft des „SC Union Ohligs" in der 2. Liga West auflief, waren die Helden unserer Kindheit geboren, Erwin Löhmer, Willi Weck und zu allererst Karl Stracke, jetzt ganz offiziell Vertragsspieler, mit einer ziemlich bescheidenen Erfolgsprämie von DM 20 für einen Sieg. Karl Stracke, den alle Welt, auch wir Kinder, sehr vertraut „Kaal" rief, war sogar noch 1962 dabei, als die Union mit Horst Franz und Eckhard Krautzun den Aufstieg in die Verbandsliga Niederrhein schaffte.

Strackes Kaal war, ähnlich wie Friedhelm Thomas in den fünfziger Jahren für seinen „Club", den FC Solingen 95, der bewunderte Kumpeltyp, ein verbissener Kämpfer, der nie aufsteckte. Wenn ein Spiel zu kippen drohte, brüllten wir unseren „Kaal" mit heiserer Kehle nach vorn. Der Mittelläufer alter Schule ließ dann Abwehr Abwehr sein, ackerte, von Szenenapplaus begleitet, in die erste Sturmreihe vor und trieb seine Blau-Gelben unnachahmlich (und oft genug erfolgreich) an.

Auf Schieris schwierigen Pfaden

Spannung versprach auch immer die „Zugabe" nach dem Schlusspfiff. Der aufgeheizte Tross der Spieler beider Teams und die begeisterten oder auch empörten Zuschauer wurden auf dem langen Weg vom pappelumsäumten Stadion zur Umkleide-Station im Vereinslokal von Willy Schorn an der Dunkelnberger Straße für manchen Schiedsrichter zum Albtraum. Erregte Diskussionen begleiteten den Zug, das war die harmlosere Variante. Kritischer wuchs sich das Ganze zum Spießrutenlauf für den Unparteiischen aus, wenn Unmut sich mittels fliegender Steine äußerte, die auf den Wegen am Rand der Heide als Zusatzargumente herhalten mussten. Das Wort „Security" existierte noch nicht.

Karl Stracke, mit Töchterchen Martina auf dem Arm, freute sich 1962 mit Trainer Willi Weck über den Aufstieg seiner Union in die Fußball-Verbandsliga.

Solingen hielt den Atem an, als Emil Zatopek 1952 in Helsinki zum Schlussspurt ansetzte und Solingens Langlauf-Idol Herbert Schade (Startnummer: 740) die olympische Bronzemedaille gewann.

„Jahn", DJK und SLC

In den fünfziger Jahren ging es mit dem Sport aufwärts, nicht nur, weil Solinger Kegler oder die Faustballer des Merscheider Turnvereins Meistertitel sammelten. Vereinsgründungen standen auf der Tagesordnung, hier einige Beispiele: Polizeisportvereinigung „Jahn" Solingen (1950), Solinger Leichtathletik-Club (1951), Solinger Tennis-Club „Blau-Weiß" (1951), STC „Blau-Weiß" Badminton-Abteilung (1953), Motorsportverband Bergisch Land (1954), DJK Sportgemeinschaft Solingen (1954), Badminton-Club Burg (1955), Solinger Fechtclub (1957).

Da war es nur logisch, dass wir den sportlichen Vorbildern unserer Kindheit folgen und nacheifern wollten. Leichtathletik, Fuß- und Handball wurden in Solingen deutlich favorisiert, die Clubs mit ebenfalls großem Zulauf waren z.B. der OTV, der WMTV, der Turnerbund und die 98er. Auch sogenannte Randsportarten wie Badminton, das anfangs „Federballtennis" genannt wurde, faszinierten viele. Unsere Eltern unterstützten die jugendliche „Vereinsmeierei". Sportliche Aktivitäten in einer Mannschaft sollten Sozialverhalten und Teamfähigkeit fördern.

Schade und Klingenring

Vergessen wir nicht zwei Großereignisse der Solinger Sportgeschichte: Am Radio erlebten wir im Juli 1952 mit, dass unser Herbert Schade in Helsinki die olympische Bronzemedaille über 5000 m holte. Im August 1954 pilgerten wir im bergischen Dauerregen zum Pfaffenberg, holten uns Autogramme ohne Ende (meistens ohne zu wissen, wer da gerade unterschrieben hatte) und applaudierten dem Franzosen Louison Bobet, der auf dem Klingenring den Favoriten Fausto Coppi besiegte und Rad-Weltmeister der Profis wurde.

Bobet erhielt, wie sich Jahrzehnte später herausstellte, bei der Siegerehrung in Solingen versehentlich nur die Silbermedaille umgehängt. Womit sich eine alte Weisheit auf sportlichem Terrain bestätigte: In Solingen ist auch nicht alles Gold, was glänzt.

Bei der Rad-WM 1954 interessierte sich der Sieger Louison Bobet (links) auch für die glutäugige Schöne; in der Mitte Solingens Oberbürgermeister Eugen Maurer.

Auch Kleingärten waren sehr begehrt – wie Vogelnester klebten die Gartenhäuschen am Sommerberg.

„En Gedrag Hüsken"

Der Garten hinterm Haus, im ländlichen Solingen, war ein Mix aus Kartoffel-, Gemüseanbau und Baumgarten. Für uns Kinder ein Naturparadies mit hohem Spaßfaktor. Für eine Birne kletterte man in den Baum und verputzte sie an Ort und Stelle. Die Amseln verjagten wir aus den Kirschbäumen, die Steine trafen gottlob selten, aber wir erreichten unser Ziel. Blumenbeete und Rabatte waren eher versteckt hinter Buchen- oder Rotdornhecken angelegt, man wollte schließlich auch Blumen haben, aber Essbares hatte deutlich Vorrang.

Nur eins vertrieb uns sofort aus den natürlichen Hochsitzen – wenn „en Gedrag Hüsken" aufs Feld hinausgetragen wurde. Hüsken ist für Solinger die seit Generationen genutzte, nicht mit dem (Fachwerk-) Haus verbundene Außentoilette, und aus der wurde mit zwei Eimern mittels eines über die Schultern gelegten Schwengels, nun ja, das ganze „Geschäft" auf den heimischen Acker transportiert.

Liebevoll wurde der „Cloaken-Compost", wie der Solinger Gartenbuch-Autor Ferdinand Rubens dies 1848 elegant umschrieb, über junge Salatpflanzen und Kräuter gekippt. Zwar erfüllte die Jaucheladung durchaus ihren biologischen Dünge-Zweck, aber nach erfolgter Ernte und entsprechendem Verzehr hatten wir Kriegskinder, alle, was anzunehmen ist, irgendwann mal Würmer. Medikamente gegen die juckenden Plagegeister gab es nicht allzu viele, „zum Doktor" gingen viele Solin-

Manchmal im Freien, oft ans Fachwerksgebäude angelehnt stand, für alle „Fälle", das Hüsken.

ger Familien ohnehin nicht gern und oft. Und Würmer galten in der Beurteilung der Erwachsenen als eine Krankheit minderen Ranges. Kinder hatten eben Würmer.

Festtagsbraten und Küken in der Küche

Kleintierhaltung war außerdem sehr gefragt. Wir sahen Kaninchen heranwachsen in kleinen, mit diversen Materialien zusammengekloppten Ställen. Beim Schlachten der potenziellen Festtagsbraten hätten wir Jungs schon gern einmal zugesehen, aber entweder wurden wir unter einem Vorwand vom Schlachtort weggelockt oder die Kaninchen waren schon tot, wenn man aus der Schule kam und die Felle, schaurig genug, zur weiteren Verwendung schon auf ein Holzbrett gespannt waren.

Eine echte Überraschung für Klassenkameraden, die das aus ihren Wohnungen in der Stadt nicht kannten, waren kleine Küken. Die wurden in Käfigen gehalten, die ihrerseits in der geheizten Küche aufgestellt waren. Darin flatterte das kuschelige Jung-Federvieh umher und war vor seinen Feinden sicher.

Auch die putzigen Kaninchen hatte man zum Fressen gern.

Mancher Großvater hatte zudem noch eine besondere zoologische Sensation parat: selbst gefangene heimische Singvögel in einem Holz- und Drahtverhau. Die Vögelchen wurden zum Glück nicht auch noch gegessen, aber manchem jugendlichen Besucher war doch sehr danach, die Meisen und Finken in die Freiheit ihrer bergischen Wälder zu entlassen.

Biologisches Basiswissen

Immerhin brachte uns die Nähe zur Natur, z. B. in den Solinger Bachtälern oder rund um Aufderhöhe, Kindheitseindrücke, die haften blieben: Der Schachtelhalm unten am „Pött", am Brunnen, aus dem im Krieg das Wasser herangeschleppt worden war, war uns vertraut wie Scharbockskraut, Spitzwegerich und Buschwindröschen. Wir hatten mal eine Schmetterlingslarve im Gurkenglas gesehen, aus der tatsächlich ein fantastischer Falter wurde. Und wir differenzierten geübt zwischen Maikäfer (gern gehalten in Zigarrenkistchen und mit Buchenblättern gefüttert), Marienkäfer (geliebt) und Kartoffelkäfer (verhasst, daher gejagt).

Kuscheliges quirliges Küken-Vielerlei gedieh prächtig in der Wohnküche.

Des Meisters Wort

Für diejenigen von uns, die aus der Volksschule den Weg in einen Ausbildungsberuf antraten, bewahrheitete sich schnell ein altes Sprichwort: Lehrjahre waren keine Herrenjahre, die Zeit der Ausbildung ließ kaum Platz für Flachs und Flausen. Sechs Wochentage waren verbindlich. Das Wort des Vorgesetzten oder Handwerksmeisters, überwiegend ältere Jahrgänge mit dem Kriegserlebnis als prägende historische Bürde, war Gesetz. Diese Meister waren selbst durch eine solche „Schule des Lebens" gegangen, an der Hierarchie wurde nicht gerüttelt. Das konservative Familienbild mit engmaschigen Strukturen übertrug sich nahtlos auch auf unseren Arbeitsplatz.

Uralte Traditionen wurden in der Klingenstadt hochgehalten. Wer in Solingen als Buchdruckerlehrling alle Prüfungen erfolgreich bestanden hatte, wurde von lachenden und zugleich zupackenden Kollegen der schwarzen Kunst feierlich „gegautscht", das hieß, kurzerhand in ein Fass mit Wasser gesetzt. Damit war der Kandidat „zünftig" geworden und fortan ein würdiges Mitglied des Standes.

Wer sich als nichtsahnender Jungvolontär der Tageszeitung in die Setzerei verirrte, wo noch ziemlich heiße Bleilettern produziert wurden, dem konnte es passieren, dass ein Hilfe suchender Setzer ihn freundlich bat, „doch mal eben die Bleizeile festzuhalten". Das machte man gewöhnlich ein einziges Mal, dann war der Spaß mit brennendem Schmerz und gewachsener Lebenserfahrung hinreichend bezahlt.

Zweifel dürfen angemeldet werden, dass dieses zoologische Fabeltier aus Solingen wirklich der legendäre „Otter" sein könnte.

Schon den Otter gesehen?

Wer als Lehrling, als sogenannter Fabrikantenläufer, in einem Schleiferkotten das Einmaleins der Solinger Schneidwarenkunst erlernte, dem wurde sehr gern auch einmal „der Otter" gezeigt. Das bedeutete, man führte den Jungmann in irgendeine finstere Ecke des Kottens, meist auf den Speicher, wo angeblich dieses mysteriöse Wesen existieren sollte. Doch weil es dort oben keinen Otter, aber ziemlich viel Dreck gab, wurde der jugendliche Tierfreund, ziemlich verschmutzt an Gesicht, Kleidung und Händen, endlich wieder in den Kreis der Schleifer zurückgebracht, wo ihn eine schadenfrohe Männergesellschaft willkommen hieß. Da er sich mit einer Art Trinkgeld auch noch loskaufen musste, war doppeltes Lehrgeld gezahlt.

Siesta mit Kummer-Eis

Das meist strenge Reglement der ehrbaren Solinger Ausbilder ließ nur selten Raum für jugendliche Eigeninitiative, wenn es darum ging, ein bisschen Freizeit herauszuschinden. „Postwoche" hieß für besonders Findige das Zauberwort, wenn, etwa bei Richard Abraham Herder an der Rathausstraße, ein Lehrling für eine Woche zu Post- und Dienstgängen, zur Hauptpost an der Kölner Straße, zu Geldinstituten oder zum (alten) Hauptbahnhof eingeteilt wurde.

War dieser (oder diese) clever genug, wurde beim Vorgesetzten eine zusätzliche Begleitung erbeten, die von der Firma aus, selbstverständlich zu Fuß, mit ins Stadtzentrum gehen durfte, um all die wichtigen Besorgungen zu erledigen.

Da blieb dann ab und an doch noch ein gutes halbes Stündchen Zeit, den Arbeitsgang angenehm zu verlängern – mit legendärem Erdbeereis bei Kummer am Neumarkt, wo man mit Glück (und Organisationstalent) gleich auch noch jugendliche Kollegen von anderen Solinger Unternehmen traf, die auch gerade „in der Stadt" zu tun hatten.

Experiment
Selbstbedienung

Neben dem traditionellen Solinger Handwerk bot der ortsansässige Einzelhandel für Lehrlinge eine gediegene Ausbildung und gesicherte Arbeitsplätze. 1958 zum Beispiel arbeiteten 4103 Beschäftigte in 2835 Einzelhandels-Betrieben, von denen allein 1204 sich auf Nahrungs- und Genussmittel spezialisiert hatten. Dort wurde als kleine Sensation empfunden, dass die Firma Homberg & Röhrig auf der oberen Hauptstraße ihr bekanntes „Edelstolz"-Geschäft auf Selbstbedienung umstellte. Obwohl der Solinger Verwaltungschef Gerhard Berting äußerte, er habe „Bedenken, wie die Hausfrau darauf reagieren würde", wurde das neue Verkaufssystem als Experiment bestaunt. Heiter reimte die Lokalpresse: „Mit dem Körbchen in der Hand / wandert man von Stand zu Stand."

Was das Personal betraf, war eine wichtige Einschränkung, dass bei „Edelstolz" Wurst, Obst und Frischgemüse ausdrücklich von jedweder Selbstbedienung ausgeschlossen waren.

Bei Homberg & Röhrig half der Herr mit Körbchen galant der Dame beim Einkauf in Solingens erstem Selbstbedienungsladen im Mai 1953.

Der Blick der beiden Knirpse geht hinüber zur evangelischen Stadtkirche. Wegen der Kugel auf ihrem Dach tauften die Solinger sie in „Fritz-Walter-Gedächtniskirche" um, als die Deutschen 1954 Fußballweltmeister wurden.

Ein Aushängeschild für praxisnahe Jugendpolitik war das Haus der Jugend an der Dorper Straße.

Amerikanische Starthilfe

Ein unvergesslicher Höhepunkt im Leben der Jugendlichen in Solingen war der 28. Februar 1953, als das „Haus der Jugend" an der Dorper Straße eingeweiht wurde. Finanziert werden konnte das 475 000-DM-Projekt nur, weil John „Jack" McCloy, der erste zivile US-Hochkommissar in Deutschland, bereitwillig 175 000 DM zum Bau der Einrichtung versprach – wenn die Stadt Solingen bereit wäre, das gleiche Sümmchen ebenfalls beizusteuern. Selten wurde eine städtische Investition mit so viel Vorausapplaus begleitet, zumal sie sich als veritabler Publikumsmagnet entpuppte. Das neue Haus holte die Jugendlichen wortwörtlich, wie auch beabsichtigt, von der Straße.

Projekt „Offene Tür"

Anfangs kamen täglich zwischen 450 und 800 junge Leute, viele regelmäßig am Wochenende und auch mittwochs, sodass Besucherkarten ausgegeben werden mussten, um den Ansturm zu steuern. In Spitzenjahren zählte man zwischen 80 000 und 90 000 Gäste. Praktisch jeder Solinger Jugendliche kannte dieses Haus, das sich programmatisch gerade an die nicht in Vereinen oder Verbänden organisierten jungen Leute wandte. OT, Offene Tür, nannte sich der pädagogische Ansatz.

Entsprechend vielseitig sah für uns das Programm auch aus. In sage und schreibe 42 Arbeitsgemeinschaften und Neigungsgruppen war für jeden

„Knösterpitter" nannte man die jungen Tüftler und Bastlerinnen, die gemeinsam Bemerkenswertes zustande brachten.

Gleich sechs jugendliche Gäste wurden auf diesem Schnappschuss von diversen Musen geküsst.

was dabei. Kurse, Lehrgänge, Seminare zu allen Lebensbereichen, eine Krebsaufklärung mit Arztvortrag und DRK-Unterstützung hier, eine Filmvorführung dort. Tanz, Konzert, Laienspiel, Kindernachmittage, Experimente im Fotolabor, die Palette wurde ständig erweitert.

Manche Solinger Mädchen aßen im Kochkurs in der Lehrküche zum ersten Mal in ihrem Leben Champignons. Literarisch Interessierten war der Auftritt des jungen Heinrich Böll aus Köln bei seiner (einzigen) Solinger Dichterlesung in der Bibliothek im April 1955 die Anreise wert.

Weniger als die jugendlichen Zuhörer warf die Lokalpresse die Frage auf, ob sich ein moderner Dichter nicht herrschaftlich-elegant zu präsentieren habe. Was sein äußeres Erscheinen angehe, mäkelte der Kritiker Ferdinand Bachem, unterscheide sich Böll „nur wenig vom Linksaußen des 1. Fußball-Clubs".

Das junge Haus fand überall in der Stadt breite Akzeptanz. Als den Planern aufging, dass das Geld für einen Flügel nicht auch noch aufzubringen sei, wurde 1952 flott ein Benefiz-Fußballspiel im Walder Stadion inszeniert. Ein NWDR-Prominententeam mit Rundfunk-Reporter Kurt Brumme, Schauspieler René Deltgen und dem bergischen Tenor Friedrich Eugen Engels kickte für den guten Zweck gegen eine Solinger Mannschaft, in der lokale Polit-Größen wie Dr. Oskar Bachteler, Joseph Pütz und Heinrich Schroth plötzlich Ballbeherrschung und Flankenläufe demonstrierten.

Dabei war, ebenfalls aus dem NRW-Landtag, auch ein gewisser Walter Scheel, der als späterer Außenminister mit dem Volkslied „Hoch auf dem gelben Wagen" seinerseits ein musikalisches i-Tüpfchen zum Ruhme der Klingenstadt setzen konnte, als er in der ZDF-Show „Der große Preis" mit Wim Thoelke mutig losschmetterte.

Es war der Kino-Superlativ schlechthin: Wahrscheinlich jeder junge Solinger war (mindestens) einmal in seinem Leben im „Monopol".

Romantisches Radioland

Wir waren, überwiegend begeistert, Radio-Menschen, die weite Welt war Rundfunkland, wenn es um aktuelle Augenzeugenberichte ging, bei Olympischen Spielen beispielsweise. Dann kam der erste eigene Plattenspieler dazu, später wurde mit der klotzigen, frisch lackierten Musiktruhe das Wohnzimmer-Ambiente mit Gummibaum und Nierentisch komplettiert. Wir packten in pubertärer Glut mit Conny Froboess die Badehose ein und genossen mit ihr und Peter Kraus das rockig-besungene Partnerschaftsgefühl.

Klingenstadt als Kino-Mekka

Besonders nahe waren wir unserem Traumpaar Conny und Peter selbstverständlich im Kino, und davon gab es überdurchschnittlich viele in Solingen.

Schon 1947 waren alle Stadtteile mit Lichtspieltheatern, wie man sie nannte, ausstaffiert. Gräfrath hatte ein „Capitol", Höhscheid das „Deli", in Wald wartete der „Film-Palast", in Ohligs das „Central" auf Zuschauer. Höhscheid besaß die „Grünewald-Lichtspiele", Solingen u.a. das „Palast" am Rosenhügel. 1956 hatte Solingen die auch für westdeutsche Verhältnisse erstaunliche Marke von immerhin 18 Kinos erreicht.

Nackedei und Heimatfilm

Da sahen die staunenden Solinger dann 1951 einen richtigen Skandalfilm, mit dem wie dafür geschaffenen Titel „Die Sünderin", in dem Hildegard Knef für einen kurzen, sehr kurzen Moment textilfrei in einem See auftauchte. Es war, unter uns, ein Fotomotiv, das heute für kein buntes Glamourblatt mehr herhalten könnte, aber je weniger man damals sah, desto größer war bundesweit die Entrüstung.

Klassische Heimatfilme, nach heutigem Pilcher-Strickmuster, waren nicht unbedingt die Favoriten der Jugendlichen, verzeichneten aber rekordverdächtige Besucherzahlen, zum Beispiel „Die schöne Müllerin" mit Waltraud Haas und Gerhard Riedmann oder die mindestens ebenso schöne

„Die Brücke am Kwai" war einer der ersten ganz großen Filme, den wir gesehen haben mussten.

Romy Schneider als „Sissi". Dass die Heide grün war, musste man uns nicht erst erzählen, dafür faszinierte uns Walt Disneys sensationelle Bilderfolge in „Die Wüste lebt" umso mehr, ehe wir wenig später zur „Brücke am Kwai" und zu James Dean, dem Anti-Helden in „Jenseits von Eden", umschwenkten.

Kuschelecke im „Monopol"

Ohne Frage aber war das monströs wirkende Monopol-Kino – 1950 im Herzen der Innenstadt am Neumarkt erbaut – nicht nur schmusige Kuschelecke für Verliebte, sondern mit einem Fassungsvermögen von 1000 Besuchern ein bedeutender Kommunikationspunkt der Stadt. Im Monopol liefen nicht nur Hollywoods Western-Cowboys ihre bergische Parade, hier feierte auch das Gymnasium Schwertstraße sein Schulfest und die offizielle Abiturienten-Entlassung, hier traten die Schlagersternchen der fünfziger Jahre leibhaftig auf, um ihre natürlich deutschsprachigen Lied-

chen von Herz und Schmerz und Heimweh zu trällern.

Und hier klappte es, von der überwältigenden romantischen Leinwand-Liebe inspiriert, für manches junge Solinger Pärchen in den roten Samtsesseln zuweilen auch schon mit dem ersten halbwegs „richtigen" Kuss.

Schlangestehen für Bildschirm-Freuden

Anfang der fünfziger Jahre tauchten Fernseher in der bergischen Medienwelt auf. Schwarz und weiß, flimmrig und flattrig, aber für uns Sensation. Und wieder, wie schon in den frühen Nachkriegszeiten, standen wir in langen Schlangen (besser: Reihen), diesmal vor den Geschäften der Rundfunkhändler, die eine jener raren Flimmerkisten zur Erbauung des Publikums in ihr Schaufenster stellten. Da klebten wir dran fest, am neuen Medium, das US-Forscher dieser Tage ganz passend „Kaugummi für die Augen" nannten.

Kicker statt Löwen

Besonders attraktiv waren TV-Sportsendungen, zu denen „der halbe Weyer" zur Gaststätte „Kipe-Mäck" an der Baverter Straße pilgerte. Dort hatte der ortsbekannte Gastwirt Max Linder eine Zeit lang einen Riesenerfolg mit einem kleinen Zoo, wo ein paar junge Löwen einträchtig mit einer Schäferhündin herumtollten, und einen vermutlich noch weitaus größeren, seit er mit einem Fernsehgerät seine Gäste anlockte.

Eines der ersten medialen Supereignisse bestaunten wir im Juni 1953, als etliche Solinger Gaststätten dazu einluden, sich die Krönung der englischen Königin Elisabeth II. in Westminster Abbey anzuschauen – per TV-Übertragung, mit der „deutschen Stimme" des bekannten Wuppertaler Journalisten Werner Baecker übrigens.

Wir-Gefühl, made in Bern

Noch mehr Solinger, junge wie alte und vor allem männliche, hockten am Kirmessonntag, am 4. Juli 1954, wieder vor der Glotze. Dies war auch so in den alten „Hubertusstuben" am Ohligser Schützenplatz, und obwohl wir Jüngeren in den letzten Reihen in erster Linie das kleine Kästchen sahen, das uns zusammen mit den Kommentaren der wahren Experten Bern und Wankdorf-Stadion nahebrachte, reichte der frenetische Jubel beim herbeigesehnten Schlusspfiff allemal aus, um den Volksfestbesuchern auf Schiffschaukel und Raupe draußen anzukündigen, dass „wir" gewonnen hatten.

Der Fernseher war das bewunderte Weihnachtsgeschenk der ganz besonderen Art.

Herr Doktor kam gern zur Nacht

Von da an gab's auch in der Klingenstadt kein Halten mehr. 3275 TV-Geräte wurden 1956 in Solingen gezählt, ein Jahr drauf waren es schon 6260. Und wer einen Fernsehapparat sein Eigen nannte, der musste sich gelegentlich auf einen Arztbesuch einstellen und damit rechnen, dass der Herr Doktor auffällig oft zu fast nachtschlafender Zeit aufkreuzen wollte.

Auch die Arzt-Gattin argwöhnte schon Besorgniserregendes, doch dann stellte sich heraus, dass Herr Doktor zur Abendstunde gezielt bei jenen Patienten die Hausbesuche machte – die schon ein Fernsehgerät besaßen. Und da guckte er, nach getaner Arbeit, ein bisschen mit.

1957 wurden sogar tragbare Fernseher auf den bundesdeutschen Markt gebracht, nur auf die Farbe mussten wir noch ein ganzes langes Jahrzehnt warten.

Frankenfeld und Toast Hawaii

Trotzdem: TV war Familiensache und dank nur zweier Programme – ARD ab 1952, WDR ab 1957 – immer auch Tagesgespräch. Wer bei Robert Lembke das „Schweinchen" beim Beruferaten füllte, welchen Eindruck Peter Frankenfeld im karierten Jackett hinterlassen hatte, das wurde am Tag darauf zu Hause, in der Schule und am Arbeitsplatz gemeinsam diskutiert. Manchmal auch verzehrt: Clemens Wilmenrod, der erste TV-Koch, erfand für uns alle den Toast Hawaii, mit Schinken, Käse und Ananas, mit dem sämtliche Partys zwischen Kluse und Rupelrath bestritten werden konnten. Wenn man sich nicht vorab für kalte Küche, das hieß dann Käse-Igel mit Cocktailpinnchen, entschieden hatte.

So stellte sich der Fotograf der fünfziger Jahre das pulsierende Solinger Innenstadtleben vor, das monumentale Sparkassengebäude als Blickfang.

Für diese jungen Damen mussten die Herren beim Mittelball in der Tanzschule von Max Waluga einfach in die Knie gehen.

Mit Petticoat und „Senoussi"

Kleidung hatte zweckmäßig zu sein, modische Finessen hatten kaum eine Chance. Der Kampf der Mädchen darum, mal eine schicke lange Hose zu tragen, womöglich sogar eine Blue Jeans, scheiterte allzu oft an väterlichen Vorstellungen, was ein Mädchen anzuziehen habe, nämlich einen Rock. Die Jungen wechselten zwar von Leder- zu langer Hose, aber das hatte auch nichts „Evolutionäres". Nylon-Perlon-Trevira-Hemd drüber, fertig. Das modische Maximum waren für die Jungen Knickerbocker, nur wenn die gesamte Klasse mit solch pumpigen beigen Beinkleidern herumstolzierte, war der Schritt zur Lächerlichkeit klein. Modisch pfiffig oder elegant wurde unser Erscheinungsbild erst so richtig in der Tanzstunde, bei Leo(nhard) Wagner an der Hansastraße/Ecke Hochstraße in Ohligs und bei Max Waluga an der Katternberger Str. 128 (Eingang über die Grundstraße). Ganze Heerscharen kreuzten dort mit Jackett und Krawatte auf. Aber eigentlich war das die Stunde der jungen Damen, die man seltener zu Tanzkränzchen, immer aber zu den großen Bällen, mit einem Tulpenstrauß für die Frau Mama, zu Hause abholte und selbstverständlich bejubelte, wenn sie ein märchenhaftes Ballkleid zur Schau stellten.

Der Hammer, in der Sprache der Solinger Jungmänner, waren die Wunderwerke von Petticoats, die duftig und wirkungsvoll wippend maskuline Unruhe auslösten, erst recht, wenn die Partnerinnen in hochhackigen Pumps übers Parkett heranschwebten. Wenn das Geld zum mühselig

„gestärkten" Petticoat oder Stufenrock nicht reichte, durfte der Rock auch adrett plissiert sein, nicht umsonst unterhielt Caspar Rufaut an der Solinger Kasernenstraße 40 eine Plisseebrennerei.

Besonders weltmännisches Flair verströmte, wer schon rauchen durfte (oder es trotzdem tat), die Marken hießen „Red Rock", „Senoussi" und „Juno", die Hits allerdings waren englische Importe, die man beim Schüleraustausch heimlich von der Insel herüberschmuggelte.

Milchmischgetränke jugendfrei

Wenn man die junge Dame seines Herzens ausführen wollte, blieb für besonders Verwegene der Weg in eines der Solinger Restaurants, in denen eine knallbunte „Wurlitzer-Jukebox" schon den Himmel der musikalischen Glückseligkeit versprach. Weitaus öfter trafen wir uns in einer Eisdiele oder in einer Milchbar, etwa in der berühmten „Luna" auf der Mummstraße, aus der der bekannte Solinger Gastronom Franz Schwarz

Im Café Kramer am Fronhof ließ sich ein Rendezvous schon organisieren, auch wenn der Platz davor damals noch aussah wie eine Volkswagen-Parade in Wolfsburg.

1967 das dann zur Legende gewordene „Mumms"
hervorzauberte.

Die eindeutig favorisierte Milchbar war, was für
ihren einträglichen Umsatz sprach, ein auch von
besorgten Eltern tolerierter Teenagertreff, offe-
rierte sie doch jugend-, keim- und alkoholfrei eine
„Reiche Auswahl an Milchmischgetränken." Uns
mochte es egal sein, der zärtliche Blick auf die
angeschmachtete Nachbarin blieb so über Stunden ungetrübt, und auch nach dem dritten Erd-
beer-Joghurt-Mix konnte man noch mühelos ins
Ohr der Angebeteten den 16-Wochen-Hit von
Nana Gualdi summen: „Junge Leute brauchen Liebe."

Milch war gesund. Drum füllte sie die Molkerei Robert Eck-
stein an der Kronprinzenstraße auch gleich in handliche kleine Pyramidentüten ab.

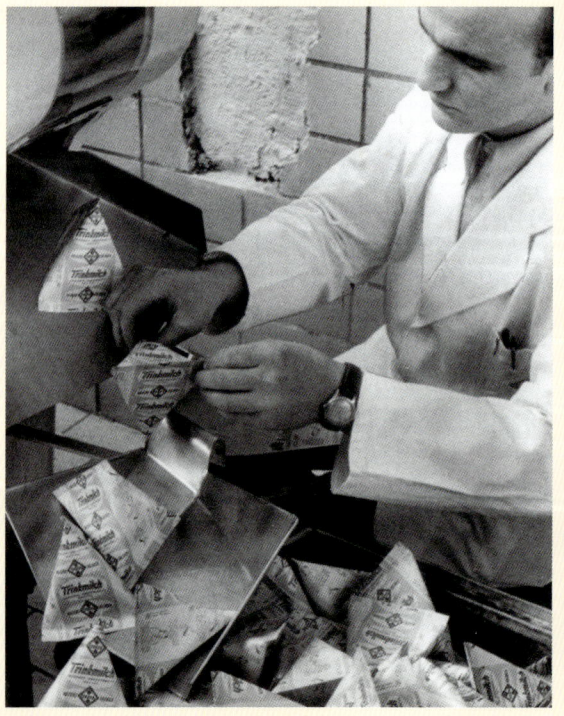

Kriegsgefangene
und Heimkehrer

Die Solinger Kriegsgefangenen tauchen
erstmalig in der von den Nazis erstellten
lokalen „Kriegschronik" auf, die neben
3349 Gefallenen auch 170 in Gefangenschaft verstorbene Solinger und 2795 Ver-
misste nennt. Wer durch die Jahreschroni-
ken der Lokalpresse blättert, findet dort
Hinweise auf das Schicksal derer, die den
Neubeginn in ihrer Stadt nicht miterlebten.
Ende 1952 waren noch 2266 Solinger in
Gefangenschaft, etwa die Hälfte von ihnen
in der damaligen UdSSR. Man wartete,
wie das Tageblatt 1954 beklagte, auf
„noch immer in westlichen und östlichen
Ketten schmachtende 35 Solinger".
Es bleibt das historische Verdienst Konrad
Adenauers, dass er am 13. September
1955, über zehn Jahre nach dem Kriegsende, die Freilassung der letzten 9626
deutschen Kriegsgefangenen in den sowjetischen Lagern vertraglich festschreiben
konnte. Die letzten von ihnen kamen am
6. Oktober im Lager Friedland an. In Solingen selbst warteten Familien und Angehöri-
ge noch länger. Am 31. Januar 1956 trafen die letzten Heimkehrer in Solingen ein.

Mitte der sechziger Jahre öffnete sich der bekannte Jazzkeller an der Ritterstraße sogar der lokalen Kunstszene und stellte Arbeiten von Udo Müller und Wolfgang Rink aus.

„Dr. Jazz"

Wer der internationalen Musikwelt huldigte, für den hatte der liebe Gott, exotisch zunächst, den Jazz erfunden. Entsprechende lokale Keller, zum Beispiel an der Saarstraße, mussten wir von innen gesehen haben, das Ganze hatte den düsteren Anstrich von etwas Obskurem, die Beleuchtung war zum Glück mehr als dezent. Die Musik war irritierend und faszinierend zugleich, wenn etwa Kurt Edelhagen von Köln in den Jazzkeller an der Ritterstraße kam.

Solinger „Eigengewächse", oft aus Schülerbands entstanden, machten in der Jugendszene bald von sich reden, die „Flower Street Jazz Men" oder die „Sidewalk Wanderers", die Ehemalige des Humboldt-Gymnasiums gründeten. Wir lernten schnell, dass man auch zu Dixieland und Swing hervorragend tanzen konnte.

Chronik

1955
Walter Scheel aus Solingen ist neben seiner Tätigkeit als FDP-Abgeordneter im Deutschen Bundestag auch Mitglied im Europa-Parlament.

11. September 1955
Solingen übernimmt die Patenschaft über den schlesischen Kreis Goldberg.

14. Dezember 1955
Die Badminton-Spielerin Hannelore Schmidt (STC) und der Langläufer Herbert Schade (SLC) gehören zu den Ersten, die den erstmals verliehenen Solinger Sport-Ehrenring erhalten.

4. November 1956
Die neue evangelische Stadtkirche wird eingeweiht. Der Weltkugel auf dem 50 m hohen Turm wegen erhält sie den Beinamen „Fritz-Walter-Gedächtniskirche", nachdem 1954 Deutschland Fußball-Weltmeister wurde.

13. März 1957
Bis auf die Grundmauern brennt die Stadthalle, das alte „Stadttheater" am Schlagbaum, nieder.

1958
Dank der angeworbenen „Gastarbeiter" steigt die Zahl der in Solingen lebenden Ausländer auf 1823.

13. September 1958
An der Fronhof-Treppe am Kirchplatz wird das von Erlefried Hoppe geschaffene Denkmal der Liëwerfrau enthüllt.

1959
Per Hundesteuer erfasst sind 5631 Hunde in der Klingenstadt. 1950 lag die Zahl noch bei 3518 bellenden Vierbeinern.

„The Rooster City Stampers", vermutlich Gäste aus dem benachbarten Haan, machten bei einer Veranstaltung des Humboldt-Gymnasiums musikalisch ein Fass auf.

Als Horst Buchholz 1956 mit hochgeklapptem Kragen, Zigarette im Mundwinkel und Protest auf der Stirn „Die Halbstarken" in unsere Kinos einziehen ließ, machte das Wort selbst in Solingen die Runde. „Randalierende Halbstarke" wurden in Wald beobachtet, in Solingen drangsalierte ein junger Herumtreiber Kinder mit Luftpistole und Stricken. Das „Heartbreak Hotel", einer der ersten Elvis-Hits, brach nicht nur Herzen, es brach auch Mobiliar. In Berlin flogen die Stühle, als Bill Haley zu Gast war und die Show ziemlich aus dem Ruder lief.

Als 1956 Harald Banter mit dem Posaunisten Albert Mangelsdorff und Wolfgang Sauer als Sänger im „Monopol" gastierte und Dr. Schulz-Köln, der „Dr. Jazz" des WDR, die Veranstaltung moderierte, war Jazz salonfähig geworden und hatte das abschätzige Urteil, er sei nichts anderes als primitive amerikanische Besatzungsmusik, die man selbstverständlich abzulehnen habe, längst hinter sich gelassen.

Herzen und Stühle brachen

Doch dann geriet diese relativ heile Solinger Musikwelt mit einem Schlag beträchtlich aus den Fugen. Die akustische Superdroge hieß Rock 'n' Roll, jetzt tanzten wir Boogie-Woogie und das extensiv. Die US-Stars waren für uns Chuck Berry, Bill Haley und Elvis Presley, dessen Locke und Hüftschwung hemmungslos imitiert wurden. Das Geschäft wurde rauer, die Sitten auch, Krawalle waren angesagt.

Diskussion um „Halbstarke"

Zu den beruhigenden Stimmen, die der aktuellen Medienaufregung eine nüchternere Betrachtungsweise entgegensetzten, gehörte in diesen bewegten Tagen das „Solinger Tageblatt". Unter dem Titel „Rock 'n' Roll ist keine Weltanschauung" plädierte der Journalist Rolf Gerlach damals für Gelassenheit: Was sich da zurzeit abspiele, sei „ein Massenwahn, der vorübergehen wird." Er schloss seinen Kommentar mit einer nachdenklich stimmenden Frage: „Was bedeutet schon das Schüttel-und-Rüttel-Kleinholz gegenüber den Trümmerbergen des letzten Krieges?"

Coole Jungs würde man sie heutzutage nennen, die da mit Lederhose, Cowboystiefeln und Bier ihr Image als „Halbstarke" auf der Gräfrather Kirmes aufpolierten.

Kürzel und
Matchsack

Es gab in den fünfziger Jahren Wörter, die gibt es heute nicht mal mehr im Kabarett: „Matchsack" war so eins. Der Matchsack wurde lässig über die Schulter getragen und konnte von Butterbroten bis zum Minigolf-Ball praktisch alles enthalten. Kulturbeutel hieß eine weitere Kreation. Wohl für erste Kosmetika gedacht, hatte der mit Kultur rein gar nichts zu tun. Andere Begriffe muten eher rührend an, wenn für Sozialhilfeempfänger oder schlicht für Arme das verbrämende Wort „Sozial bedrängte Schicht" benutzt wurde. Verwaltungsdeutsch gab's auch, Abkürzungen zum Beispiel: „ggl." stand in manchen Urkunden und hieß „gottgläubig". Und dann tauchten noch „hwg-Personen" auf. Das waren, vom Solinger Gesundheitsamt erfasst, doch tatsächlich „Personen mit häufig wechselndem Geschlechtsverkehr".

Eine Schulfahrt nach London wäre ohne Matchsack nur eine halbe Sache gewesen.

Noch rollten die Pkws, seit 1956 mit ihrem neuen SG-Kennzeichen, über die Düsseldorfer Straße, die heute längst Fußgängeroase geworden ist.

Wir wurden erwachsen

Mit den ausklingenden fünfziger Jahren waren die Weichen für unser privates Leben gestellt. Die ehemaligen Klassenkameraden der Volksschule hatten nach acht Jahren ihre berufliche Laufbahn fest im Blick, viele wurden in Solinger Handwerksbetrieben ausgebildet. Die Realschüler wählten bevorzugt kaufmännische und Verwaltungs-

berufe oder den Weg zur Höheren Handelsschule, um sich dort spezieller zu qualifizieren.

Die Gymnasiasten richteten sich auf die offizielle Bestätigung ihrer „Reife" ein und marschierten sehr uniform im schwarzen Anzug ins Mündliche – um anschließend und final ihren Pfadfinderträumen Lebewohl zu sagen und nun nicht mehr

benutzte Schulhefte in einem voluminösen Lager-
feuer der Nachwelt zu entziehen. Einzig die traditionellen Bierzeitungen sollten ihren ungebro-
chenen Lerneifer zukünftig dokumentieren; um
ehrlich zu sein, sie sollten wie üblich Pauker und
Mitschüler durch den Kakao ziehen.

Führerschein und Radarfalle

Einige von uns hatten, für den Familienbetrieb in
verpflichtende Generationsfußstapfen tretend,
schon vor dem Erreichen des berühmten 18.
Geburtstags ihren Führerschein gemacht. Sie
waren mit angezogener Handbremse an den
grässlichen Steigungen am Weyersberg hinreichend getrimmt worden und warteten nun sehn-
süchtig aufs erste eigene Auto. Das sollte natürlich mehr hermachen als die Isettas und
Goggomobils, die 1955, ein Jahr vor der „Taufe"
des SG-Kennzeichens, bewundert bis belächelt
worden waren. Ein VW Käfer stand ziemlich oben
auf der Wunschliste, ein Opel Kapitän mit Hai-
fischmaul blieb spektakuläre Vision.
Dafür war einiges reglementiert auf den Straßen
der Klingenstadt, seit 1957 galt die 50-km-
Regelung in geschlossenen Ortschaften und es
gab für alle Eventualitäten seit 1958 auch die
Radarfalle.
Vorläufig hatten wir damit wenig am Hut. Das eigene Fahrrad, mit Ferienjobs und Nachhilfestunden
finanziert, war und blieb für lange, lange Zeit vor-
rangiges Fortbewegungsmittel für uns Jugendliche. Nur wenige konnten sich zum Beispiel schon
ein Moped leisten.

Ein Fotowagen, der die Geschwindigkeitsbegrenzung und die
Überwachung durch die Polizei aufs Korn nahm, gehörte zum
Solinger Rosenmontagszug 1958.

Europäischer „Grenzverkehr"

Wir reisten ins Ausland, anfangs mit Zug oder Bus,
später mit Motorrad und Zelt, Camping hieß das
touristische Modewort. Wir entdeckten so Italien,
Spanien und Mallorca, während sich im Koffer-ra-
dio Peter Weck als unwiderstehlicher „Mister
Strandgeflüster" outete.

Wir besuchten Gouda, Chalon-sur-Saône und Blyth, die unsere internationalen Partnerstädte waren oder wurden. Mancher von uns überquerte zum ersten Mal in seinem Leben die nationalen Grenzen, als 1958 das stählerne Atomium in Brüssel zur Weltausstellung einlud – und sah entgeistert zu, wie an der deutsch-belgischen Grenze einige Mitreisende den Bus aus Solingen verlassen und zurückbleiben mussten, weil sie ohne gültige Ausweispapiere gestartet waren. Das schlagbaumfreie Europa war noch nicht in Sicht.

Schluss mit Klampfe

Wir wurden, obwohl erst mit 21 Jahren volljährig, erwachsen. Der Ernst des Lebens klopfte unüberhörbar an, die ersten Solinger, die als „Bürger in Uniform" zur Bundeswehr eingezogen wurden,

Im sowjetischen Pavillon auf der Brüsseler Weltausstellung 1958 war eine Zeitung namens „Sputnik" ein wahrhaft revolutionäres Souvenir.

waren ein deutliches Signal. Abschied nehmen war angesagt vom Heimchen-am-Herd-Klischee, von der jugendbewegten Idylle.

Eine neue Zeit, hieß es 1959 in einer Anzeige des Tageblatts in einer Solinger Schülerzeitung, sei endgültig angebrochen, vorbei die Tage, an denen sich „die Freizeitgestaltung der Jugend in Handarbeitskränzchen und Klampfengruppen erschöpfte". Noch war uns nicht bewusst, dass eine ganze Ära, die Aufbau- und Adenauer-Jahre, sich langsam ihrem Ende näherte. Letzmalig riss der Alte von Rhöndorf im Juni 1958 als amtierender Bundeskanzler seine Solinger Zuhörer mit, die ihn mit Ovationen verabschiedeten.

„Um die Talsperre rum"

Trotz aller Neuerungen am Horizont der bundesrepublikanischen Geschichte, von den „wilden Sechzigern" der Zukunft waren wir nicht einmal atmosphärisch angehaucht, blieben wir ein Stück weit bodenständig. Wir waren von der wiederaufgebauten Stadt, von der bergischen Landschaft, auch von ihrer Sprache geprägt. Solingen war Heimatstadt, für manche von uns auch eine Art Rückzugsgebiet. Wenn Bernd Wilms, Solinger mit exzellentem Mundart-Repertoire, der als Intendant am Deutschen Theater und als Kurator des Hauptstadtkulturfonds eine beispielhafte Karriere in Berlin hinlegte, wenn dieser Bernd Wilms erzählte, er habe einmal „in Oberburg Urlaub gemacht", weil ihm einfach danach war, „nochmal um die Talsperre zu wandern", dann wussten wir, was er meinte. Und wir stimmten ihm leise zu.

Berühmte
Solinger

Christoph Wolff, geb. am 29. Mai 1940
Harvard-Professor und Johann-Sebastian-
Bach-Experte

Pina Bausch, geb. am 27. Juli 1940
Direktorin des Tanztheaters Wuppertal

Klaus Hahn, geb. am 8. Okt. 1940
Unternehmer und Union-Präsident zu Zweit-
liga-Zeiten

Bernd Wilms, geb. am 1. Nov. 1940
Dramaturg und Theater-Intendant

Eckhard Krautzun, geb. am 13. Jan. 1941
Internationaler Fußballtrainer

Bernd Wilz, geb. am 13. Dez. 1942
Parlamentarischer Staatssekretär im
Bundesverteidigungsministerium (1992)

Brigitte Broch, geb. am 21. Nov. 1943
Film-Designerin und „Oscar"-Preisträgerin

Manfred Melzer, geb. am 28. Feb. 1944
Weihbischof zu Köln

Friedhelm Sträter, geb. am 8. Feb.1950
Präsident der bergischen IHK seit 1997

Michael Lesch, geb. am 18. Okt. 1956
Bühnen- und TV-Schauspieler

Das war unsere gute, alte Zeit, wo man mit dem Kinderwagen noch relativ gemütlich am Dreieck über den
Zebrastreifen rollen konnte.